AF451757

LE CRÉDIT

ET

LA BANQUE.

LE CRÉDIT

ET

LA BANQUE.

ÉTUDES SUR LES RÉFORMES A INTRODUIRE

Dans l'organisation de la Banque de France

ET DES BANQUES DÉPARTEMENTALES;

Contenant

UN EXPOSÉ DE LA CONSTITUTION

DES BANQUES AMÉRICAINES, ÉCOSSAISES, ANGLAISES

ET FRANÇAISES;

PAR

J. G. COURCELLE SENEUIL.

Credit is money.
FRANKLIN.

PARIS,

PAGNERRE, ÉDITEUR,

RUE DE SEINE, 14 BIS.

—

1840.

LE CRÉDIT

ET

LA BANQUE.

PREMIÈRE PARTIE.

DU CRÉDIT ET DES BANQUES EN GÉNÉRAL.

I. DE LA NATURE DU CRÉDIT.

Le crédit est la faculté d'user du capital d'autrui, à la charge de le rendre.

Cette faculté s'achète et se vend moyennant un prix qui se nomme *intérêt.*

Lorsque le capitaliste consent à confier son capital, il croit que l'emprunteur le lui remboursera exactement aux époques et conditions convenues. Le nom du crédit est donc tiré de sa cause, qui est la croyance, la confiance du prêteur.

On dit d'une personne qu'elle a ou qu'elle n'a pas de crédit, suivant qu'elle inspire ou n'inspire pas la confiance qui détermine les capitalistes à prêter. On dit qu'en tel temps ou en tel lieu il y a beaucoup ou peu de crédit, suivant que les capitalistes en général ont ou n'ont pas la confiance qui les détermine à prêter.

Cette confiance peut exister sans être entière. Dans ce cas, le taux de l'intérêt s'élève, parce que le capitaliste exige, non seulement le prix du crédit qu'il accorde, mais une sorte d'indemnité pour le risque de perdre ses fonds auquel il s'expose ou croit s'exposer.

Lorsque la confiance est entière, le prix du crédit se règle, comme celui des autres marchandises, sur le rapport qui existe entre l'offre et la demande.

La confiance du capitaliste se mesure sur la facilité avec laquelle il croit pouvoir obtenir le remboursement volontaire ou forcé de la somme qu'il prête.

Cette confiance dépend de l'état général de la société et des dispositions de la loi relative aux diverses espèces de prêts.

Elle dépend du temps pour lequel le crédit est accordé, parce que moins ce temps est long, moins le capital prêté est exposé aux accidens imprévus.

Elle dépend enfin des garanties que donne l'emprunteur, telles qu'un gage, une hypothèque, qui sont des garanties réelles; sa probité, sa sagesse, son intelligence, son activité, qui sont des garanties morales.

Les longs crédits ne s'accordent guère qu'aux garanties réelles : le crédit qu'obtiennent les garanties morales est plus court, mais il peut se perpétuer en se renouvelant.

II. DU CRÉDIT COMMERCIAL.

Le crédit commercial est, plus que tout autre, fondé sur les qualités morales de l'emprunteur. C'est le plus utile à la société, le plus fécond.

Le prêteur, dont la créance est assurée par une garantie réelle, s'inquiète peu de savoir si le capital qu'il engage doit être utilement ou follement consommé. Certain d'être remboursé en tout cas, il n'a garde de s'ingérer dans les affaires de son débiteur.

L'emploi reproductif du capital prêté, est au contraire la première garantie de celui qui accorde un crédit au commerçant ou à l'industrieux. Associé en quelque sorte à son débiteur par une communauté de risques, il surveille exactement, et jour par jour, ses opérations et sa conduite. L'emprunteur, de son côté, s'efforce de mériter la confiance du capitaliste dont il a besoin, par la pratique des vertus commerciales.

Le crédit commercial n'est pas seulement fondé sur la confiance qu'inspirent le caractère et la fortune de l'emprunteur : il se divise et devient, pour ainsi dire, spécial à chaque opération. La première maxime du prêteur est de ne se mettre à découvert que si le capital avancé est, jusqu'à un certain point, garanti par une valeur équivalente et qui existe, bien qu'elle ne soit pas réalisée.

Une supposition nous servira d'exemple :

Un fabricant d'Elbeuf vend pour 50,000 fr. de draps à un marchand en gros de Paris, et lui fait crédit pour trois mois. Les draps livrés servent de garantie à la promesse que fait le marchand en gros de payer au bout de trois mois la somme de 50,000 fr. dont la valeur, non réalisée, existe déjà cependant.

Si le fabricant veut user immédiatement de ce capital dans lequel il ne doit rentrer qu'au bout de trois mois, il s'adresse au banquier qui lui escompte la promesse de payer du marchand de draps, c'est-à-dire qui lui donne la somme portée sur cette promesse en en retenant l'intérêt pour le temps qui reste à courir.

III. DU BANQUIER.

Un banquier est un marchand qui achète et vend du crédit.

Toutes les opérations de son commerce consistent à emprunter, prêter ou transporter des capitaux.

Il reçoit gratuitement, ou en payant un intérêt, les capitaux que l'on dépose chez lui;

Il prête à intérêt ou vend du crédit aux personnes qui lui offrent des garanties suffisantes de remboursement ;

Il paie ou fait des recouvremens pour autrui; ou en d'autres termes, il se charge de transporter des capitaux.

Le banquier sert d'intermédiaire au capital qui cherche un placement, et à l'industrie qui cherche un capital.

Il économise les frais de transport des capitaux par les compensations de créances et de dettes qui s'opèrent chez lui.

Pour s'approvisionner de crédit à bon marché, le banquier offre aux personnes qui lui en accordent, de faire, gratuitement ou au prix d'une rétribution légère, les transports de capitaux qui peuvent les intéresser; il emprunte à bref délai ou s'engage à rembourser à volonté des fonds qui lui sont confiés.

Comme tous les marchands, le banquier réalise des bénéfices en vendant sa marchandise plus cher qu'il ne l'a achetée.

IV. DES BANQUES.

Le banquier peut acheter le crédit à meilleur marché que les particuliers, parce qu'il reçoit et utilise en tout temps les capitaux qu'on lui confie; parce qu'il offre des conditions de remboursement plus avantageuses; parce que ses nombreuses opérations et son exactitude inspirent la confiance aux capitalistes. Néanmoins son caractère, sa fortune et sa signature n'étant connus que dans un cercle assez étroit, son crédit est nécessairement restreint. C'est pour obtenir un crédit plus étendu et pour faire des opérations plus vastes que les banques publiques ont été créées.

Les banques publiques sont, en général, fondées par des réunions de capitalistes. La force de leur capital est annoncée et publiée avec l'acte de société qui règle les droits et les obligations des actionnaires. Bientôt la confiance que ces établissemens acquièrent leur fournit les moyens de pratiquer des opérations que les simples banquiers ne peuvent guère tenter.

Une banque publique obtient du crédit à très bon marché et quelquefois pour rien, parce que les particuliers estiment qu'en lui confiant leurs capitaux, ils courent moins de risques qu'en les confiant à un banquier.

Aussi la plupart des banques publiques émettent des billets que chacun reçoit comme argent comptant.

V. DU BILLET DE BANQUE.

Le billet de banque est une promesse de payer à vue et au porteur une somme déterminée.

Les banques émettent aussi des billets au porteur, à un ou plusieurs jours de vue.

Lorsqu'une banque donne son billet en paiement, elle emprunte, à celui qui le reçoit, la somme qui y est énoncée. Cela est si vrai, qu'elle est obligée de rembourser cette somme, aussitôt que le porteur du billet en réclame le paiement.

Mais le crédit que la banque obtient du porteur de son billet ne coûte rien à celui-ci. Chacun est si bien convaincu que la somme portée au billet sera exactement payée, que l'on n'hésite pas à recevoir comme monnaie un signe que l'on peut à tout instant échanger contre des espèces. C'est ainsi que le billet de banque remplit les fonctions de la monnaie métallique, sans en avoir la valeur intrinsèque, comme un kilogramme de plomb remplit dans la balance les fonctions que remplirait un kilogramme d'or ou de platine.

Emettre des billets de banque, c'est battre monnaie; car chaque billet de banque remplace, dans la circulation, une somme de monnaie métallique au moins égale à celle qu'il représente. Mais en battant monnaie, les banques ne créent point de valeurs nouvelles : elles empruntent seulement celles qui existent en espèces métalliques, et les mettent en activité.

Lorsqu'une banque escompte en billets la lettre de change ou le billet à ordre du négociant, elle cautionne ce négociant, en substituant son crédit, généralement connu, à celui du signataire de la lettre de change ou du billet à ordre; elle promet de payer à vue et au porteur la somme que le négociant doit lui payer à l'échéance déterminée.

C'est ainsi que les émissions de billets de banque mettent à la disposition des producteurs les valeurs qui existent sous la forme d'espèces métalliques. Le crédit que les banques se procurent ainsi ne leur coûte pas cher; elles le vendent à bas prix, et la société en profite. Supposez que 100 millions d'espèces, remplacés comme monnaie par 100 millions de billets, ont été échangés contre une valeur égale de matières premières ou de salaires. Ils produisent une somme considérable, tandis qu'emprisonnés dans les fonctions monétaires, ils n'auraient rien produit.

Telle est l'utilité du crédit. Il ne crée point des valeurs nouvelles, mais il met en activité des valeurs inertes. L'opération par laquelle les banques obtiennent du crédit de tout le monde pour le vendre à bas prix aux producteurs, est un des plus beaux résultats de la civilisation.

VI. OPÉRATIONS ORDINAIRES DES BANQUES.

Les banques qui se bornent à recevoir des dépôts, à effectuer des viremens, à faire le commerce des matières d'or et d'argent, ont été et sont encore utiles. Elles servent à simplifier le service monétaire; mais ce ne sont point, à proprement parler, des instrumens de crédit. Il ne s'agit ici que des banques complètes, des banques de circulation.

Celles-ci reçoivent en dépôt, gratuitement ou en payant un intérêt, des sommes remboursables à volonté ou à terme;

Elles font des viremens ou transfèrent, à la demande des intéressés, les valeurs déposées, du compte d'un déposant à celui d'un autre;

Elles se chargent, à diverses conditions, du recouvrement des créances commerciales;

Elles acceptent et acquittent les dispositions faites sur elles par les personnes auxquelles elles ont ouvert un compte courant;

Elles escomptent des effets de commerce;

Elles prêtent sur dépôt de certaines marchandises;

Elles émettent et acquittent au besoin des billets payables à échéance déterminée ou à vue et au porteur.

Quelquefois elles font le commerce des matières d'or et d'argent.

VII. UTILITÉ DES BANQUES.

Les banques bien constituées sont des entrepôts où les capitaux disponibles viennent s'offrir aux producteurs, et où les producteurs viennent en acheter l'usage.

Leurs billets sont un instrument de circulation plus commode et moins dispendieux que la monnaie qu'ils remplacent dans les transactions.

On croit trop généralement que les banques profitent seules de l'économie à laquelle donne lieu la substitution des billets aux espèces métalliques. C'est une erreur. Les banques empruntent, il est vrai, gratuitement au public, la valeur de la monnaie que leurs billets remplacent; mais c'est pour la prêter aux producteurs. Ainsi à la masse des capitaux qui déjà cherchent un emploi, elles ajoutent la valeur qu'elles ont ainsi empruntée. Le résultat nécessaire de cette opération, surtout dans les pays où les banques ne sont point protégées par un privilège contre la concurrence, est un abaissement du taux de l'intérêt.

On a dit à l'Assemblée Constituante « qu'une banque était une invention au moyen de laquelle on semblait payer quoiqu'on ne payât pas réellement. » Cette définition aussi inexacte que piquante indique malheureusement trop bien de quel œil les banques sont considérées chez nous. On croit vulgairement qu'elles spéculent sur la crédulité du public. Cette opinion populaire dont il est facile de trouver les causes, est très mal fondée. Les banques ne font pas profession de payer tout ce qu'elles doivent, parce qu'alors elles seraient inutiles : elles n'ont pour but de payer en numéraire que les sommes dont le public a réellement besoin sous cette forme. Elles prêtent d'une main ce qu'elles empruntent de l'autre, au grand avantage du public. Lorsqu'elles prêtent largement et avec intelligence, c'est nuire à la société tout entière que de réclamer, sans besoin, le remboursement de leurs billets, parce que ce remboursement ne peut être effectué qu'aux dépens des producteurs.

L'obligation de fournir à tout instant au public la monnaie qu'il demande, d'échanger continuellement le signe du crédit contre des espèces, et les espèces contre le signe du crédit, cause la plupart des embarras auxquels les banques sont exposées. Quelquefois le numéraire afflue dans leurs caisses, ce qui réduit à la fois leurs bénéfices et les avantages que le public retire de leur crédit ; quelquefois, au contraire, on vient en foule demander le remboursement de leurs billets, ce qui les force à réduire leurs escomptes ou même à suspendre leurs paiemens.

Les efforts de ceux qui dirigent les banques ont surtout pour objet d'éviter cette dernière extrémité.

VIII. QUELQUES MAXIMES DES BANQUES FRANÇAISES.

Les banques s'obligent ordinairement à rembourser des sommes qu'elles empruntent, à la demande de ceux auxquels elles sont dues. Pour remplir exactement des engagemens de ce genre, elles doivent éviter, non seulement les opérations qui compromettraient l'existence de leurs capitaux, mais celles même qui engageraient ces capitaux pour long-temps, et à la suite desquelles ils cesseraient d'être disponibles. C'est dans ce but que nos banques ont adopté plusieurs maximes qui témoignent de leur extrême prudence.

Elles ne font point d'opérations commerciales sur d'autres marchandises que la monnaie et le crédit. La sagesse de cette précaution est évidente. Une banque destinée à donner des secours au commerce et à l'industrie ne peut point sans danger faire concurrence à ceux auxquels elle doit le crédit. Cette concurrence aurait une multitude d'inconvéniens trop apparens pour qu'il soit nécessaire de les signaler. Il vaut mieux citer des exemples.

Après avoir été vaincue dans sa lutte contre le président Jackson, la banque des Etats-Unis a dû restreindre ses opérations dans une sphère où elle ne pouvait trouver l'emploi de son capital et de son crédit. Elle s'est engagée dans le commerce des cotons : bientôt forcée de s'engager davantage, puis entièrement, elle a retiré les capitaux qu'elle avait prêtés aux particuliers ou à diverses banques, et enfin elle a été réduite à suspendre ses paiemens.

La banque de Belgique a été, elle aussi, compromise pour s'être livrée, quoique d'une manière indirecte, à des entreprises industrielles.

La plupart des banques européennes sont plus prudentes : lorsque leurs capitaux les embarrassent, elles les placent en rentes publiques, marchandise facile à vendre promptement et qui produit un revenu.

Les banques françaises évitent aussi de prêter à découvert. Elles ne regardent comme sûrs que les placemens garantis jusqu'à un certain point par des opérations déjà consommées. Aussi elles n'escomptent que des effets à courte échéance et à trois signatures. Quelques développemens sont nécessaires pour montrer la portée de cette précaution.

IX. suite du même sujet.

Le commerçant, l'agriculteur, le fabricant, ont une partie de leur capital engagée de telle manière qu'elle ne peut facilement et fréquemment changer de forme. Ainsi les magasins, les terres, les usines, etc. L'autre portion du capital employé par les industrieux de toute espèce, est mobile. Elle forme un fonds de roulement qui est souvent consommé et reproduit. Ce fonds se compose de marchandises destinées à être immédiatement revendues, de matières premières ou de salaires dont le coût doit être remboursé par une vente prochaine.

Les capitaux engagés pour long-temps appartiennent

ordinairement en propre aux producteurs : quelquefois ils font l'objet d'effets à long terme, parce que ce n'est qu'après un temps assez long que la valeur des instrumens de travail est reproduite par le travail. Le crédit commercial proprement dit, celui que les banques procurent, est plus spécialement destiné à fournir les fonds de roulement, à satisfaire aux besoins flottans de la production.

Observons ici qu'une partie même du fonds de roulement est engagée d'une manière à peu près permanente. Un négociant n'a pas besoin d'avoir toujours en sa possession la même quantité de marchandises ; mais il a toujours besoin d'en avoir une certaine quantité. Il en est de la même du fabricant et de l'agriculteur. Suivant les maximes reçues en France, le crédit commercial ne doit point fournir la partie fixe, mais seulement la partie variable du fonds de roulement.

Dans la pratique, il n'est pas facile d'observer toujours cette règle ; les emprunts par la voie de l'escompte sont si commodes que les producteurs cherchent souvent à se procurer par ce moyen, non seulement la partie variable du capital de roulement, mais la partie fixe et souvent même le capital engagé. Ils s'efforcent de déguiser la nature du prêt qu'ils réclament et souvent ils ne s'en rendent pas compte à eux-mêmes. Aussi nos banques n'escomptent-elles, autant qu'elles le peuvent, que des effets représentant une valeur déjà produite et facilement réalisable en numéraire. Elles repoussent particulièrement, lorsqu'elles peuvent les reconnaître, les effets de circulation qui ne sont garantis par aucune valeur en marchandises.

Un négociant veut ajouter 20,000 fr. à son capital engagé. Il prie un de ses confrères, avec lequel il est en relation d'affaires, de lui souscrire 20,000 fr. d'effets, et en échange il en souscrit pour une somme égale. L'affaire se conclut, et voici en circulation 40,000 fr. de signes de crédit qui ne représentent aucune affaire sérieuse, qui ne sont garantis par aucune valeur. Si les effets de l'un et de l'autre négociant étaient présentés à l'escompte à la même banque, il serait facile de reconnaître leur caractère. Mais lorsqu'ils se négocient sur différentes places et sont escomptés par différentes banques, il est presque impossible de ne pas leur accorder du crédit, de ne pas faire, en les acceptant, des avances à découvert.

Les effets dont l'origine est la plus règulière, peuvent, du reste, donner lieu à des avances à découvert. Reprenons une supposition faite plus haut. Un fabricant d'Elbeuf a vendu pour 50,000 fr. de draps à un négociant de Paris; ce dernier a distribué ces draps à divers débitans qui les vendent au comptant au consommateur. Le négociant a réglé avec le fabricant à trois mois : ses débitans ont réglé avec lui de la même manière.

Supposons que le négociant ait vendu ses draps aussitôt qu'il les a reçus. Il pourrait arriver que les effets souscrits par lui seraient admis à l'escompte en même temps que ceux que les débitans lui auraient souscrits. Dans ce cas, la somme avancée au fabricant et celle avancée au négociant, n'auraient pour garantie qu'une seule et même valeur, les draps livrés. L'une des deux se trouverait prêtée à découvert.

Dans le commerce régulier, cet inconvénient n'est pas sensible sur des billets à courte échéance. Les opérations ne se succèdent pas avec tant de rapidité. Au lieu de vendre ses draps le jour même où il les reçoit, le négociant ne les vend qu'au bout de trois mois ou plus, de sorte que le crédit n'escompte que des effets réellement garantis par les transactions qui les ont créés.

Mais dans les temps de fièvre commerciale, les opérations se succèdent avec rapidité et se multiplient par l'agiotage. Alors le crédit s'étend facilement par les avances à découvert qui ont lieu de cette manière.

Les précautions que prennent les banques françaises, afin de ne pas souffrir des abus du crédit, sont sages assurément; mais on peut les trouver excessives. Elles restreignent le crédit outre mesure, et leur moindre inconvénient est d'obliger le producteur à se servir de l'intermédiaire toujours coûteux des banquiers, dont la signature n'ajoute pas plus de valeur aux effets que celle d'un négociant solvable à un effet de circulation.

X. Mesure de la circulation des banques.

L'étendue du crédit dépend de la multiplicité des affaires, de l'intelligence avec laquelle elles sont faites, de la bonne foi avec laquelle les engagemens sont remplis. L'existence d'un crédit largement établi suppose celle des vertus commerciales.

L'importance de la circulation des billets d'une banque dépend non seulement de son crédit particulier, mais aussi des besoins du service monétaire du rayon dans lequel son action s'exerce. Ses émissions sont nécessairement limitées par les besoins de ce service, et en ce sens, les directeurs de la banque d'Angleterre ont eu raison de soutenir qu'ils ne pouvaient émettre trop de billets en escomptant de bon papier de commerce.

En temps ordinaire, les billets de banque ne se convertissent en espèces que pour fournir des appoints à la circulation ou pour solder les achats faits aux personnes qui n'acceptent que du numéraire, tels que les étrangers.

Mais le crédit est sujet à de fréquentes fluctuations qui apportent dans les besoins du service monétaire des variations dont il est indispensable d'étudier la cause.

XI. ÉLÉMENS DE LA CIRCULATION DU PAPIER-MONNAIE.

Le papier de crédit que crée le commerce remplace le numéraire dans la circulation, aussi bien que le papier émis par les banques. Dès que le crédit diminue, ce papier disparaît entièrement ou en partie. Alors, bien que la quantité des affaires diminue, les besoins de la circulation demandent une plus grande quantité de monnaie, en espèces ou en billets de banque.

Une diminution dans la quantité de la monnaie circulante est peu sensible lorsque le crédit est grand; mais en temps ordinaire et plus encore en temps de détresse commerciale, une telle diminution est une calamité. Elle augmente la difficulté des paiemens et aggrave le discrédit.

XII. EFFETS DE LA CONTRACTION DU CRÉDIT.

Le crédit est fondé sur la confiance. Toutes les causes qui ébranlent la confiance ébranlent donc le crédit. Son existence est liée aux fantaisies et aux caprices de l'opinion.

Que l'opinion s'alarme. Aussitôt les capitalistes vont réclamer leurs capitaux aux banquiers, et ceux-ci s'empressent de les retirer à la production. Alors le producteur est poussé à une liquidation subite et inopinée. Il faut qu'il réduise ses opérations brusquement et à tout prix. S'il a usé modérément du crédit, il en est quitte pour quelques pertes; s'il en a usé sans mesure, il est réduit à faire faillite. Le mal qui arrive en pareil cas n'a d'autre mesure que la méfiance générale, et il dure autant qu'elle. Alors il faut beaucoup de numéraire pour peu d'affaires, et si les banques ne souffrent pas dans leur crédit, elles souffrent par la nécessité de satisfaire aux besoins nouveaux de la circulation monétaire.

Du reste il est impossible que le crédit privé soit profondément altéré sans que les banques s'en ressentent. Lorsque le capitaliste retire ses fonds pour les cacher, pour thésauriser, il est rare qu'il ne préfère pas des espèces aux billets de banque.

XIII. DES CAUSES DE CONTRACTION DU CRÉDIT. CRISES POLITIQUES.

Au premier rang des causes qui troublent le crédit, mettons les troubles politiques, les guerres ou les craintes qui les précèdent. Dès que l'ordre politique d'un pays est sérieusement attaqué, les affaires s'arrêtent sous l'influence des inquiétudes que l'avenir inspire. Toute propriété semble menacée, et les capitalistes s'empressent de mettre la leur sous la forme et dans le lieu où ils croient qu'elle sera le plus en sûreté. Le nombre de ceux qui sont ainsi effrayés et l'intensité de leur méfiance varient, suivant la gravité réelle ou présumée des événemens. Une frayeur extrême fait enfouir les métaux précieux; une frayeur moindre les met seulement sous la main du capitaliste ou les prête sur gage et à gros intérêt.

Les coups que les craintes politiques portent au crédit atteignent souvent les banques. Au 5 avril 1814, la banque de France vit sa circulation réduite à 11,000,000. En 1796, une frégate française égarée vint aborder au petit port de Fishgard, dans le pays de Galles : aussitôt l'alarme se répandit sur toute l'Angleterre. Un grand nombre de personnes réalisèrent du numéraire pour l'enfouir ; les banques des comtés suspendirent, presque toutes, leurs paiemens, et bientôt la banque de l'Etat fut forcée de les imiter. Aussi M. Palmer déclarait-il, en 1832 (1), qu'il ne connaissait aucun moyen de résister au discrédit qui aurait une cause politique.

XIV. Crises commerciales.

D'autres causes peuvent encore frapper le crédit privé et attaquer celui des banques.

Lorsque l'industrieux fait des opérations que son inhabilité ou des accidens imprévus rendent mauvaises, le capital engagé dans ces opérations périt en totalité ou en partie. Si l'industrieux n'a usé du crédit qu'avec réserve, il rembourse ce qu'il a emprunté au moyen du capital qui lui appartient en propre. Alors il restreint ses affaires ou demande au crédit de nouvelles ressources. Mais s'il en a usé sans mesure, ou si les pertes qu'il a éprouvées sont excessives, il ne peut remplir ses engagemens et fait faillite. Ceux qui lui ont accordé du crédit perdent alors le capital qu'ils lui ont prêté, en totalité ou en partie.

Une faillite est chose commune : chaque pays, chaque place de commerce sont habitués à en voir éclater une certaine quantité. Tant que cette quantité moyenne de capitaux anéantis n'est pas dépassée, le crédit se maintient dans ses limites ordinaires ; lorsqu'elle diminue, il augmente : quand au contraire les faillites se multiplient, quand on les voit éclater, non seulement dans les maisons d'un crédit douteux, mais dans celles qui ins-

(1) *Report of the Committee on bank charter.* Q. 624.

piraient le plus de confiance, les capitalistes s'alarment, et rappellent leurs fonds. Leur méfiance croissant en même temps que la quantité des capitaux disponibles diminue, le crédit se resserre et devient cher ; les faillites naissent des faillites, et l'on voit ce qu'il est convenu d'appeler *crise commerciale*.

Ces catastrophes arrivent lorsque la production a essuyé des pertes considérables. Ces pertes naissent en général d'une variation soudaine dans le prix des marchandises.

XV. VARIATIONS DES PRIX.

Le prix des marchandises est réglé par les rapports qui existent entre l'offre et la demande. Il croît en raison inverse de l'offre, en raison directe de la demande. Il s'élève, si la marchandise est moins offerte ou plus demandée ; il s'abaisse, dès qu'elle est moins demandée ou plus offerte.

Dans l'état actuel de l'industrie, la production se règle sur la demande réelle ou présumée. Si le producteur a présumé à tort la demande ou une réduction de l'offre, en d'autres termes une hausse de prix, le prix s'abaisse, et une partie des capitaux employés à produire périt. Ces alternatives de hausse ou de baisse ont en général pour cause les vicissitudes de la guerre, les alternatives de guerre ou de paix, et surtout les excès de la production.

XVI. CRISE COMMERCIALE DE 1810, EN ANGLETERRE.

Au commencement de 1807, l'Europe semblait fermée à l'Angleterre par les décrets de Milan et de Berlin. Les manufactures anglaises avaient réduit leur production et craignaient de manquer de plusieurs espèces de matières premières. Les chanvres de Russie, les laines d'Espagne, les soies d'Italie enchérirent, et ceux qui en avaient acheté firent de brillantes affaires.

Bientôt la translation du gouvernement portugais au Brésil, l'émancipation de fait des Colonies espagnoles, ouvrent à l'industrie anglaise des débouchés inattendus. Les prix s'élèvent : le commerce fait de vastes commandes que les fabricans transmettent à ceux qui leur fournissent des matières premières; d'immenses exportations sont effectuées, et il s'en prépare de plus considérables.

L'élévation du prix de presque toutes les marchandises donne lieu à de gros bénéfices, et en fait espérer de plus grands. Chacun remplit ses engagemens avec facilité et en contracte avec abandon. Les capitalistes sont pleins de confiance : le crédit s'étend, et les signes représentatifs des capitaux, le mandat, la lettre de change, le billet de banque se multiplient promptement. Les transactions se succèdent avec rapidité sous l'influence de l'agiotage, et augmentent la masse d'un papier qui ne représente d'autre valeur que des espérances folles.

Enfin on découvre que les expéditions adressées au Brésil, à Buenos-Ayres, à Caracas, n'étaient justifiées par aucune demande; qu'en peu de semaines Manchester avait fourni plus de produits à Rio-Janeiro que la consommation n'en avait absorbé depuis vingt ans; on apprend que loin de trouver des consommateurs, les produits envoyés n'ont pu trouver même des magasins; qu'ils encombrent les quais et les places publiques : les personnes auxquelles on destinait des cristaux ciselés et des porcelaines précieuses, n'avaient point de verres plus recherchés que les dépouilles du front des animaux ou des noix de coco ; enfin la folie des spéculateurs était allée jusqu'à expédier des patins, là où la glace était inconnue (1).

Les prix des marchandises ainsi entassées sur les marchés de l'Amérique, s'abaissent rapidement : l'exportation s'arrête, et les objets fabriqués en vue des débouchés qu'elle ouvrait, demeurent sans acheteurs dans les magasins et dans les fabriques. Celles-ci s'arrêtent, et les matières premières qui arrivaient pour elles de tous les climats, s'accumulent inutilement dans les entrepôts. Des pertes énormes amènent de nombreuses faillites ; le crédit se resserre, et tout le mauvais papier qu'il avait mis en circulation disparaît ; les sociétés commerciales créées à grand bruit périssent ; les banquiers, les petites banques suspendent leurs paiemens. Quant à la Banque d'Angleterre, elle les avait depuis long-temps suspendus.

L'effroyable crise de 1825 eut des causes et des effets semblables.

Pour que le crédit éprouve des contractions fâcheuses, il n'est pas toujours nécessaire que des événemens politiques, comme ceux qui causèrent les crises de 1810 et de 1825, provoquent les excès et les malheurs du commerce. Il suffit que les affaires se fassent couramment pendant quelque temps. Le crédit s'étend et se développe. Comme il dépend de l'opinion, et que le succès inspire de la confiance, il devient bientôt excessif ; il est accordé à des personnes dont la moralité et la capacité commerciales ne sont pas suffisantes. Par l'effet de la rapidité avec laquelle les transactions s'accomplissent, une seule valeur donne lieu à une multitude de signes, et les avances se multiplient avec les signes. Dans cet état de choses, les mécomptes, les pertes de capitaux, les faillites et enfin le discrédit, sont inévitables.

(1) Mac-Culloch, *Principles of political economy.*

Les banques doivent se tenir en garde contre les catastrophes commerciales. Néanmoins lorsqu'elles ont un crédit bien établi, il leur est facile de résister, pourvu que le papier qu'elles ont en portefeuille conserve sa valeur. Durant la crise de 1825, la Banque d'Angleterre avait cru devoir restreindre sa circulation, afin de faire face à la panique. Bientôt cependant elle fut débordée et sa réserve métallique épuisée. Après avoir vainement demandé aux ministres de l'autoriser à suspendre ses paiemens, comme en 1797, elle eut recours, contrairement à ses antécédens et à ses principes avoués, à une émission désespérée de billets. Sa circulation qui, au 3 décembre, était de 17,477,290 livres sterling, s'éleva successivement jusqu'au 21 du même mois à 25,709,410 *l.* Cette émission fut acceptée avec empressement par le public, et servit à arrêter la panique (1). Le crédit de la Banque avait survécu au crédit privé. A la même époque, et dans toutes les crises commerciales, le crédit des banques écossaises s'est trouvé si bien établi qu'elles n'ont éprouvé aucun embarras dans leurs affaires (2). En 1830, le crédit de la Banque de France résista également, contre toute attente, à une crise à la fois politique et commerciale (3). La masse des fonds déposés dans ses caves augmenta, comme avaient augmenté, en 1825, les dépôts faits à la Banque d'Angleterre (4).

---

(1) Joplin's, *Examination of the report of the Committee on joint-stock banks.*

(2) H. Parnell's, *Observations on paper money.* — *Reports on Scotch banking and on Bank charter,* passim.

(3) *Voy.* l'article remarquable inséré dans l'*Encyclopédie du Droit,* par M. Gautier, sous-gouverneur de la Banque de France.

(4) *Report on Bank charter.* Q. 313, 319, 3308.

XVII. VARIATIONS DU CHANGE.

Les embarras qui naissent des variations du change, sont plus difficiles à surmonter que ceux dont une crise purement commerciale est l'origine. Dès que les besoins du commerce provoquent une exportation de monnaie métallique hors du rayon d'action d'une banque, c'est à la réserve de cette banque que l'on vient puiser de quoi y suffire. Les exportations de monnaie métallique ont ordinairement pour cause la nécessité de solder un excédant des importations sur les exportations de marchandises; de fortes dépenses ou le placement de sommes considérables à l'étranger; quelquefois les accidens du commerce des matières d'or et d'argent.

On dit que le change est contre la localité obligée d'exporter de la monnaie métallique. Le commerce de cette localité vient alors échanger les billets de banque contre du numéraire, sans que le crédit de la Banque soit ébranlé, mais simplement parce qu'il a besoin d'espèces pour payer des étrangers, ou du moins des personnes qui ne recevraient point de billets de banque.

Pendant la révolution, les disettes et les fortes importations de grains qui en furent la suite, la stagnation de l'industrie, les exportations de numéraire par les émigrés, maintinrent le change contre la France.

Depuis 1793 jusqu'en 1815, le change fut presque toujours contre l'Angleterre, et l'on ne doit pas s'en étonner, si l'on songe que durant cette période, elle souffrit plusieurs fois des disettes, des famines terribles, et qu'elle subventionnait tous les rois de l'Europe, coalisés contre la France. Les sommes que l'Angleterre dut payer à l'étranger, outre le solde des transactions commerciales ordinaires, s'élevèrent, en 1813 et pendant les premiers mois de 1814 seulement, à 53,320,251 *l.*

Aussi depuis 1797, les paiemens de sa Banque étaient suspendus, et à cette époque son papier perdait plus de 25 p. o/o.

L'Angleterre est encore exposée à voir le change tourner contre elle, toutes les fois qu'une guerre éclate. Son unité monétaire est une pièce d'or, et la Banque d'Angleterre est le plus grand réservoir d'or qu'il y ait au monde. Ce métal, au moyen duquel les valeurs sont beaucoup plus facilement transportées qu'avec de l'argent, est fort recherché en temps de guerre. C'est à la Banque d'Angleterre que toutes les demandes d'or vont aboutir. La guerre qui éclata entre la Russie et la Turquie, en 1828, échanger des billets jusqu'à concurrence de 1,000,000 *l.* Les préparatifs de 1830 et la guerre de Pologne en firent échanger pour 7,000,000 *l.* (1).

Le change peut encore tourner contre une localité par suite de nombreuses faillites chez les personnes avec lesquelles le commerce de cette localité correspond. La perte des valeurs détruites par ces faillites peut rendre la balance du commerce contraire à ceux auxquels elle était favorable. C'est ainsi que les crises et les embarras se propagent d'un lieu à un autre.

Dans les pays où le crédit est généralement bien organisé, il n'y a point, pour ainsi dire, de transports de monnaie métallique. Chacun donne et reçoit le crédit à son tour, et le change n'est guère affecté que par des relations avec l'étranger.

En France, il n'en est point ainsi. La population agricole ne participe point aux bénéfices du crédit, et par conséquent n'en accorde point. Il y a donc chez nous un change intérieur sujet à des fluctuations considéra-

---

1) Tooke's *History of prices.* — *Report on Bank charter.* Q. 4822-4824.

bles et périodiques. L'agriculteur vend ses produits par grosses parties, il n'achète au contraire qu'en détail des objets que lui fournit l'industrie. Aussi, lorsque les villes doivent s'approvisionner de produits agricoles, il faut qu'elles se munissent d'une quantité considérable de numéraire métallique, comme si elles allaient faire des achats chez un peuple étranger et barbare. Nos banques départementales souffrent toutes de cet état de choses. Lorsque l'industrie et le commerce des villes achètent des laines, des soies, des eaux-de-vie, des grains, les banques sont obligées de faire venir à grands frais de Paris la monnaie métallique qui plus tard reflue dans leurs caisses.

En 1838, Bordeaux exporta des grains en Angleterre. Pour s'approvisionner de blé sur les marchés des départemens voisins, le commerce de cette ville demanda du numéraire à la Banque. Cet établissement fut alors réduit à faire venir à grands frais de Paris 17,500,000 fr. dont la circulation locale n'avait d'ailleurs aucun besoin (1). Des demandes du même genre imposent à toutes nos banques de département des dépenses considérables.

XVIII. DE LA COUPURE DES BILLETS DE BANQUE.

Lors même que la confiance publique rendrait possible la substitution complète des billets de banque à la monnaie métallique, il ne serait donc pas prudent de chasser entièrement le numéraire de la circulation. Le crédit des banques les mieux établies peut être ébranlé, et dans ce cas, il est bon qu'elles puissent répondre aux demandes de remboursement qui leur sont adressées. Il faut aussi qu'elles soient en état de satis-

(1) Article de M. Gautier déjà cité.

faire aux besoins du commerce et de l'industrie lorsqu'ils réclament du numéraire métallique. Une circulation de papier est fort économique, mais l'économie qu'elle procure ne saurait compenser les pertes de capitaux qui résultent de toutes les altérations profondes qu'éprouve le crédit.

C'est pour empêcher le papier monnaie de prendre trop de place dans la circulation, que les lois ont limité les moindres coupures des billets de banque. Il est à remarquer que les précautions que l'on a prises sous ce rapport ont été d'autant plus grandes que le danger était moindre. En France, le crédit est assez imparfaitement organisé pour qu'il y ait toujours beaucoup de monnaie métallique. Cependant la moindre coupure des billets de banque y a été fixée à 500 fr. pour Paris, et à 250 fr. pour les départemens. L'Angleterre a eu long-temps, l'Ecosse possède encore des billets d'une livre (25 fr.). Aux Etats-Unis, où le crédit est beaucoup plus étendu, les billets de banque représentent de si petites sommes qu'ils remplacent dans la circulation une partie de la monnaie d'appoint.

XIX. DÉFAUT DE PRÉVOYANCE DES BANQUES.

Nous avons vu comment le crédit peut devenir excessif aux époques de surexcitation commerciale et industrielle; comment il avance des capitaux à des entreprises aléatoires ou mal conçues, sur des garanties moindres qu'en temps ordinaire. Dans ces circonstances, les banques sont portées à abuser du crédit comme les particuliers. Il leur est facile alors d'augmenter leurs émissions de billets, en escomptant même de bonnes valeurs, parce que les bonnes signatures cautionnent les mauvaises. Leurs billets d'ailleurs rentrent moins fréquemment; ils s'emparent de la circulation intérieure, pendant que la monnaie métallique s'avilit et est exportée, ou vient s'accumuler dans les caves des banques, et provoquer, par l'embarras qu'elle y cause, de nouvelles émissions. Les banques, dans ce cas, n'ont pas émis plus de billets que les besoins de la circulation n'en demandaient, mais elles ont fourni de la monnaie et du crédit à un état fébrile et anormal de la production : elles ont pris part à l'erreur générale et l'ont rendue plus funeste.

Lorsque la crise qui suit ordinairement les excès de ce genre vient à éclater, les banques sont le plus souvent effrayées; aussi bien que les particuliers, elles restreignent leurs émissions et réduisent leurs avances. Ainsi, après avoir donné les forces à la cause du mal, elles aggravent le mal lui-même.

Toutes les banques du monde ont encouru ce reproche. Nulle part elles n'ont été dirigées par des vues supérieures à celles du commerce qui les entourait. Cependant lorsque le crédit d'une banque est bien établi, il serait facile à des directeurs intelligens de prévoir les crises et de les prévenir, autant qu'il est en eux. Mais l'appât des bénéfices que les excès du crédit procurent aux banques, les tente presque toujours, et elles n'ont pas assez de confiance en leur force pour prêter largement au milieu d'une crise.

XX. QUELLE EST LA MEILLEURE CONSTITUTION D'UNE BANQUE.

On a quelquefois recherché quelle était la meilleure organisation du crédit, quelles étaient les meilleures banques. C'est poser la question de telle manière qu'il est impossible de lui donner une solution exacte et précise.

Les banques ne sont point des abstractions, mais des établissemens commerciaux. On ne doit donc point les considérer isolément, sans tenir compte du milieu commercial au sein duquel elles agissent, et il est difficile de leur assigner des lois générales, mathématiques.

On peut dire seulement que toutes les restrictions par lesquelles les banques cherchent à éviter les suspensions de paiement diminuent leur utilité. Les banques les plus solides sont certainement celles de dépôt; mais les services qu'elles rendent sont très médiocres. Les précautions dont les banques de circulation s'environnent doivent être limitées soigneusement, et mesurées d'après les chances de commotion qui résulte, soit de la nature des opérations auxquelles sont employés les capitaux prêtés; soit de l'état des relations qui peuvent altérer le change; soit de la mobilité du crédit.

Il serait absurde de critiquer à la légère la constitution des banques qui existent en différens pays; mais la comparaison de leurs statuts ou de leurs usages peut fournir d'utiles enseignemens.

SECONDE PARTIE.

DIVERS SYSTÈMES DE CRÉDIT.

XXI. DE LA CONSTITUTION DES BANQUES AMÉRICAINES.

Aux Etats-Unis, il y a peu de capitaux disponibles, mais ils sont toujours sur le marché. L'usage du crédit est général, et la confiance sur laquelle il repose est bien établie. Les Américains connaissent les avantages

et les inconvéniens du crédit : ne s'en servent qu'à
bon escient (1). Ils ont de nombreuses banques. Les restrictions imposées à la création de ces établissemens
sont presque nulles dans les Etats du nord et de l'est;
elles augmentent à mesure que l'on avance vers le sud
et vers l'ouest. Le commerce du crédit est à peu près
libre dans les Etats de Rhode - Island et de Massachussetts : dans toute l'Union, il est beaucoup plus facile
qu'en aucun pays de l'Europe d'établir une banque.

L'agriculture est la principale industrie des Etats-
Unis. Les banques servent à l'agriculture ; elles font des
prêts à long terme, et même des prêts sur hypothèque.
Pour donner une idée de l'extension que le commerce
du crédit a prise dans ce pays, il suffira de dire que le
capital réuni des banques de Rhode-Island, en 1830, s'é-
levait à la somme de 6,118,000 dollards (33,037,200 f.),
et que ce petit Etat ne contenait alors que 97,000 habitans. En 1838, l'Etat de Massachussetts qui compte
environ 620,000 habitans, avait 124 banques dont les
capitaux réunis montaient à la somme de 37,180,000
dollards (2) (200,772,000 fr.). Ces deux Etats sont ceux
où les obstacles qui s'opposent à la création des banques
sont les moindres dans lesquels par conséquent le crédit a pris les plus grands développemens.

Dans ces Etats, les billets de banque ont presque entièrement remplacé la monnaie métallique. Ils inspirent
une confiance générale. Cette confiance est fondée sur
les services rendus au public par les banques et par la
force de leur capital.

(1) Chevalier, *Lettres sur l'Amérique du Nord.*

(2) *Abstract exhibiting the condition of the banks in Massachussetts, prepared from official returns by the secretary of the
commonwealth.* Boston, 1838.

Au mois de février 1838, toutes les banques de Massachussetts réunies avaient une

circulation de. . . . . 9,100,776 dollards.

Elles devaient à leurs correspondans 4,534,813

Elles avaient en dépôt gratuit une somme de 5,436,530

Elles avaient en dépôt une somme de. . . . . 3,650,832 dont elles payaient l'intérêt.

Elles devaient donc au public . 22,722,951 *d*.

Pour faire face aux demandes qui pouvaient journellement leur être adressées, elles n'avaient en espèces que 1,701,460 *d*., somme inférieure au treizième de ce qu'elles devaient au public.

En France, les ordonnances; en Angleterre, l'usage, prescrivent aux banques d'avoir toujours en caisse une réserve métallique égale au tiers de leurs dettes. Si cette réserve était réduite à un treizième de ce qu'elles doivent, elles seraient à la veille de suspendre leurs paiemens.

Il n'en est point ainsi dans le Massachussetts. Les banques de cette petite république savent que leur crédit est bien établi, qu'on ne leur demandera point plus de numéraire que n'en exigent les besoins ordinaires de la circulation, et fournissent sans hésiter leur bilan à l'administration qui le publie.

Leur crédit est fondé sur les services qu'elles rendent au public : en effet, les valeurs que renfermait leur portefeuille à la même époque, montaient à la somme de 59,537,860 dollards, dont moins de la moitié aurait suffi pour payer toutes leurs dettes.

Leur crédit est fondé en outre sur la confiance qu'inspire la force de leur capital réalisé. Ce capital, comme on l'a vu plus haut, est de 37,180,000 *d.*; il excède tout le passif de 63 p. 0/0.

Il peut donc arriver qu'une grande et soudaine variation du change force ces banques à suspendre leurs paiemens; mais il est presque impossible qu'elles ne liquident pas honorablement. Leurs profits sont modérés, car la moyenne des dividendes annuels n'atteint pas 6 p. 0/0.

Au moment de la crise de 1836, les banques de Rhode-Island avaient une circulation de . 1,673,000 dollards.
et en dépôts une somme de. . . . 2,113,000
____
Ainsi elles devaient. 3,786,000
Elle avaient à la même époque
en espèces. . . . . 243,000 *d.*
ou un quatorzième de leur dette,
et en portefeuille. 13,765,000
____

Leur actif s'élevait donc à. . 14,008,000 *d.* somme dont leurs dettes n'étaient guère que le quart. Leur capital était de 9,837,000 *d.* : il excédait donc les dettes de près des deux tiers (1).

A la même époque, les banques de Rhode-Island, de Massachussetts, de Pennsylvanie, de New-York et de Virginie réunies, devaient au public 137,730,000 dollards; elles avaient en espèces. 15,573,000
et en portefeuille. 285,739,000
____
Total. . . . 301,312,000

Leur capital était égal à 146,897,000 dollards. Ainsi il dépassait de 66 p. 0/0 tout le passif que les prêts excédaient de plus de 100 pour 100; mais les espèces en caisse n'en représentaient guère que la neuvième partie.

____
(1) *Voy.* Carey, *The Credit system.*

Les banques du sud et de l'ouest de l'Union se rapprochent davantage de nos banques européennes. Elles furent les premières à suspendre leurs paiemens en 1836. Dans la crise récente de 1839, elles les ont suspendus une seconde fois. Celles de Massachussetts et de Rhode-Island ont résisté.

Les chiffres que nous avons cités montrent le fort et le faible des banques américaines. Il est évident qu'il y a de l'exagération dans les reproches qui leur ont été adressés. Si l'on compare leurs émissions de billets à la force de leur capital, on trouvera ces émissions très modérées. Elles ne réalisent point d'énormes bénéfices sur une circulation considérable ou sur l'usage des capitaux d'autrui, comme la Banque de France et la Banque d'Angleterre. La plupart des capitaux qu'elles prêtent leur appartiennent, et elles vendent plus de crédit qu'elles n'en reçoivent. Si leurs billets ont presque entièrement remplacé la monnaie métallique, c'est que le peuple croit à leur valeur. L'économie que procure la substitution du papier à l'argent, profite plus au public qu'aux actionnaires de ces établissemens, et comme instrumens de production, les banques américaines sont les plus parfaites qu'il y ait au monde.

Ce serait à tort qu'on les accuserait d'avoir provoqué les catastrophes qui, en 1836 et 1839, ont affligé le commerce de l'Union et ébranlé le crédit de l'univers entier. La crise de 1836 a eu plusieurs causes. Des opérations heureuses avaient tenté les spéculateurs et donné à la production une excitation fébrile. Dans ces circonstances, le président Jackson commença les hostilités contre la Banque des Etats-Unis, en lui retirant les fonds de l'Etat pour les distribuer à toutes les banques de l'Union. Cette mesure frappa la Banque des Etats-Unis, mais en offrant un dépôt assuré et gratuit aux banques qui pourraient être fondées, elle produisit l'effet d'une prime. Une quantité considérable de capitaux auxquels l'Angleterre ne pouvait donner un emploi, passa l'Atlantique, vint créer des banques en Amérique, et ajouter un nouvel aliment à la fièvre qui y agitait déjà la production. Mais bientôt la Banque d'Angleterre dont les émissions excessives avaient contribué à chasser les capitaux anglais, diminua subitement la quantité de ses billets en circulation. Le taux de l'intérêt s'éleva sur la place de Londres et des faillites eurent lieu ; les valeurs engagées en Amérique furent rappelées. Le crédit éprouva une commotion aux Etats-Unis, et il y eut des suspensions de paiement. Alors le président Jackson ordonna aux officiers chargés de la perception du revenu public d'exiger des espèces métalliques. C'était retirer à l'improviste un capital considérable à la production américaine, au moment où elle en avait le plus besoin. On sait quelle fut l'intensité de la crise commerciale. Elle eut trois causes distinctes dont aucune ne peut être entièrement attribuée aux banques. La principale fut la guerre que fit à ces établissemens le chef du pouvoir exécutif. Cette guerre fut peut-être une mesure politique louable, mais on ne peut nier qu'elle n'ait diminué la richesse de l'Union.

Les erreurs combinées de la Banque des Etats-Unis et de la Banque d'Angleterre, ont provoqué la crise de 1839, qui a été fatale à l'une et à l'autre. M. Van Buren a continué et développé le système de son prédécesseur.

Ce système et deux catastrophes consécutives ont limité l'usage du crédit en Amérique. Depuis un an environ, il est avéré que les Etats-Unis éprouvent une disette de capitaux. Qu'arrive-t-il ? On négocie sur toutes les places commerçantes d'Angleterre et de France les titres des emprunts contractés par les divers États de l'Union ; on vend des actions de chemins de fer, de banques, de canaux situés au-delà de l'Atlantique, et les capitaux anglais ou français vont s'engager pour l'utilité d'un pays qui n'est pas le leur : nous devenons tributaires du crédit américain.

XXII. DES BANQUES ÉCOSSAISES.

Les banques écossaises jouissent d'un grand renom. Ce sont les seules qui aient résisté à toutes les crises, et elles se vantent de n'avoir fait perdre à leurs créanciers, par faillite, depuis plus d'un siècle, que 36,000 livres sterling.

Quelques-unes d'entre elles ont obtenu du Parlement une charte qui limite aux fonds versés la responsabilité des actionnaires ; mais elles n'ont point de privilège pour l'émission des billets. Le commerce du crédit est aussi libre en Ecosse que dans la Nouvelle-Angleterre.

Comme les banques américaines, les banques écossaises ont conquis la confiance publique par des services rendus. Les sommes qu'elles reçoivent en dépôt varient de 2 *l.* à 5,000 *l.* (de 50 fr. à 125,000 fr.) Sur ces sommes, elles paient un intérêt qui, en 1826, était de 4 p. o/o. Elles reçoivent presque tous les capitaux disponibles de l'Ecosse. Elles servent de caisses d'épargne au pauvre, et le riche aime mieux leur confier ses fonds que les placer en rentes sur l'Etat. Ces dépôts ne sont pas destinés simplement à servir de base aux comptes-courans ; ils offrent un placement sûr et commode qui occupe environ 20,000,600 *l.* (500,000,000 fr.).

Les banques écossaises ouvrent des comptes-courans à découvert, jusqu'à concurrence d'une somme déterminée, à des personnes dont le capital est minime, mais qui peuvent présenter deux cautions. Il suffit à un jeune homme d'avoir de bons antécédens et deux répondans solvables pour obtenir des avances qui s'élèvent souvent jusqu'à 2,000 *l.* (50,000 fr.) et quelquefois au-dessus. Ces crédits à découvert sont très-utiles aux classes laborieuses : ils exercent une heureuse influence sur leur moralité. Un grand nombre de fermiers et de commerçans écossais doivent aux crédits à découvert une honnête aisance, et quelquefois une fortune considérable.

C'est ainsi que les banques écossaises pénètrent dans les affaires de tout le monde, et qu'elles économisent l'usage du numéraire en faisant la plupart des recettes et des paiemens. Aussi leurs billets jouissent d'un admirable crédit. Le peuple les préfère à l'or, et on ne se rappelle pas qu'elles aient souffert, de mémoire d'homme, des demandes soudaines et considérables de remboursemens (1).

Ces banques ne sont point répandues en grand nombre comme les banques américaines. En 1826, on n'en comptait que 32; mais elles étendaient leur influence dans les plus petites localités par 133 succursales.

Il serait facile aux banques écossaises d'abuser du crédit excellent qu'elles possèdent, et de se laisser aller à des émissions excessives. Ceci leur est arrivé quelquefois pendant la première moitié du dix-huitième siècle. Mais, depuis 1770 (2), elles ont elles-mêmes limité leurs émissions en adoptant un usage qui a produit les meilleurs résultats.

(1) *Voy.* sur les banques écossaises les enquêtes parlementaires dont elles ont été l'objet, *passim* et notamment les dépositions de MM. Kinnear et Roger Aylon. *Voy.* aussi l'ouvrage de sir H. Parnell déjà cité, et le *Practical treatise on banking,* de Gilbart.

(2) *Report on Irish exchanges* (1804) *evidence of M. Mansfield.*

Chaque banque entretient un agent à Edimbourg, et lui envoie tous les billets des autres banques que le mouvement des affaires fait tomber en sa possession. Deux fois par semaine, le lundi et le jeudi, ces billets sont échangés contre ceux des siens que la circulation a entraînés dans les caisses des autres banques. Les différences se soldent en papier à dix jours, sur Londres.

Cet usage a pour effet certain de maintenir le change au pair entre Londres et Edimbourg. Avant 1770, il était presque constamment contre l'Ecosse, et naturellement les banques écossaises en souffraient.

Aujourd'hui elles ont chacune un correspondant à Londres, chargé de placer leur réserve de fonds en bills de l'Echiquier ou en bon papier à courte échéance, et de faire leurs paiemens ou recouvremens, à Londres. Lorsque les fonds que l'Ecosse leur confie les embarassent, elles les placent à Londres, et lorsqu'elles sentent décroître leurs dépôts, c'est dans cette ville qu'elles vont chercher des espèces. Ainsi leur crédit n'éprouve point, en Ecosse, de variations sensibles.

On a souvent remarqué l'extrême prudence avec laquelle les banques écossaises sont dirigées. En 1824, elles sentirent que le crédit prenait un développement inaccoutumé, et refusèrent de payer plus de 2 1/2 p. o/o sur les dépôts nouveaux qu'on leur offrit. Elles réalisent presque toujours, immédiatement avant les crises, les fonds qu'elles ont placés à Londres; bien qu'on ne leur ait pas depuis fort long-temps demandé des sommes considérables en espèces, elles préviennent les demandes en faisant venir de l'or. Quelquefois elles retirent ou réduisent, par précaution, leurs crédits à découvert; mais alors elles détruisent en grande partie le bien que l'ouverture de ces crédits a pu faire.

On peut leur reprocher de n'avoir pas, comme elles

le prétendent, obvié aux inconvéniens qui naissent des alternatives d'extension et de réduction exagérée du crédit, de ne les avoir pas détruits, mais transportés de l'Ecosse à Londres. Toutefois il serait injuste de méconnaître l'habileté avec laquelle elles ont, pendant si long-temps, su maintenir leur crédit intact, et rendre à l'industrie écossaise des services qui ne sauraient être contestés.

XXIII. DES BANQUES PROVINCIALES DE L'ANGLETERRE ET DE L'IRLANDE.

Il n'y a dans les îles britanniques que deux banques privilégiées : l'une à Londres, l'autre à Dublin. Dans les comtés de l'Angleterre, du pays de Galles, de l'Irlande, il est facile à quiconque veut acquérir le droit de battre monnaie au porteur et à vue de remplir les formalités imposées par la loi.

Toutefois, ni l'Angleterre, ni l'Irlande n'ont de banques provinciales dont le régime puisse être comparé à celui des banques d'Ecosse ou des Etats-Unis. Les vices de la législation générale ou locale y sont plus puissans contre l'établissement d'une organisation régulière du crédit que les restrictions directes.

En Ecosse, le crédit des banques repose souvent sur la possession d'immeubles considérables : le système hypothécaire y est depuis long-temps établi, et l'expropriation n'est pas impossible : le propriétaire foncier peut donner et recevoir du crédit.

Mais en Angleterre et en Irlande, les lois sur l'expropriation, sur les faillites, donnent lieu à des difficultés insurmontables. Tous les actionnaires d'une société commerciale peuvent être engagés par les opérations de cette société pour toute leur fortune et au-delà. Il leur

est presque impossible de plaider les uns contre les autres : il est encore plus difficile à leurs créanciers de les
poursuivre, en cas de faillite de la société (1). On dirait
que le législateur a cherché à rendre la fraude facile, à
la protéger contre toute atteinte.

Aussi les banques provinciales de l'Angleterre et de
l'Irlande ont une réputation assez équivoque. Le capital
nominal que leurs prospectus annoncent, est très fort ;
le capital réalisé n'en représente que la moitié, le tiers,
le quart, ou une fraction moins considérable (2) ; les
particuliers cependant viennent déposer des capitaux
pour lesquels ils reçoivent un intérêt assez élevé (3) ; les
billets circulent, des crédits sont ouverts, et tout va suivant la prudence et la moralité souvent suspectes d'un
directeur presque toujours audacieux. A chaque crise
commerciale, tous ces établissemens sont ébranlés, et
plusieurs succombent.

Malgré leurs défauts, les banques provinciales de
l'Angleterre rendent à la production de nombreux services. On les a vues avancer sur un simple billet, sans
aucune garantie matérielle, des sommes de 10,000 *l.*
(250,000 fr.) à de simples marchands de bétail (4). Plusieurs d'entre elles sont administrées avec intelligence
et probité ; quelquefois même avec prudence. Mais elles

(1) *Voy. Report on joint-stock banks* (1838), *Evidence of W.
Seddon. Voy.* la même enquête, *passim* et l'*Examination* de Joplin.

La législation irlandaise a des inconvéniens qui lui sont propres. *Voy.* l'acte de la 33ᵉ année de George II, chap. 14, et
l'ouvrage déjà cité de sir H. Parnell.

(2) Gilbart, *Practical treatise on banking. Voy.* aussi l'enquête
parlementaire de 1838.

(3) Le droit de commission perçu par les banques, sur chaque
opération des comptes-courans, absorbe en général cet intérêt.

(4) *Report on Bank charter.* Q 1673.

n'ont point encore jeté dans le sol de profondes racines. La plupart se bornent aux fonctions de courtiers d'escompte, prenant des billets dans les comtés pour les réescompter à Londres (1). Sans règles, sans principes fixes, elles étendent leurs émissions autant qu'elles peuvent, et ne les restreignent que lorsqu'elles y sont forcées. D'ailleurs le voisinage du grand marché de Londres les soumet presque irrésistiblement aux vicissitudes que le crédit éprouve sur cette place. Elles ne sont que les artères par lesquelles les capitaux circulent; le centre de la circulation est à Londres.

XXIV. DES BANQUIERS DE LONDRES.

La moitié des grandes transactions commerciales de l'univers entier s'effectuent sur la place de Londres, entrepôt colossal de capitaux et d'affaires. Nulle part on ne sait mieux que dans cette ville économiser le numéraire et simplifier les paiemens. Presque tous les négocians font tenir leur caisse par les banquiers. Ceux-ci sont dans l'usage de régler chaque jour leurs comptes respectifs à la *clearing house* (2). En 1810, les paiemens qui se faisaient chaque jour à cet établissement variaient de 5 millions à 15 millions de livres sterling; sur cette somme, 300,000 *l.* seulement ou environ étaient effectivement payées en or ou en billets de banque.

Les banquiers de Londres font le commerce de l'es-

(1) La maison Laffitte peut, sous ce rapport, être comparée aux banques provinciales de l'Angleterre. Son capital ne suffit point à ses opérations, et elle emprunte régulièrement une partie de celui de la Banque de France. Il est exact de dire qu'elle n'a pas son libre arbitre, qu'elle reçoit l'impulsion d'autrui.

(2) *Voy.* sur cet établissement, Chevalier, *Lettres sur l'Amérique du Nord,* et pour de plus amples détails, l'ouvrage de Gilbart déjà cité.

compte sur une grande échelle. La masse de leurs affaires est immense. Pendant que la Banque d'Angleterre n'avait en portefeuille que pour 2,500,000 *l.* d'effets de commerce, les escomptes de la maison Richard-
son, Overend et Cie s'élevaient annuellement de 20 à 25
millions de livres sterling (1). La maison Pole, Thor-
non et Cie, dont la suspension de paiemens ouvrit la
panique de 1825, correspondait avec soixante-dix banques provinciales, et en 1832, M. Glyn répondait dans
une enquête parlementaire que lui et les banquiers de
la Cité seraient contraints de réduire leurs opérations si,
les billets de banque étant supprimés, ils étaient forcés
de recevoir et de payer en or.

Ces puissantes maisons de banques réescomptent le
portefeuille des banques provinciales à meilleur marché
que la Banque d'Angleterre (2). Elles n'ont recours au
crédit de cet établissement que dans les temps difficiles;
si elles ne paient aucun intérêt sur les fonds qu'elles reçoivent à titre de dépôt, elles tiennent gratuitement la
caisse de leurs clients, et leur font souvent à découvert
des avances considérables.

Du reste, l'expression *money market,* marché de l'argent, n'est point à Londres une vaine métaphore. Les billets, les lettres de change que le commerce produit s'y
offrent concurremment avec les bills de l'Echiquier, et
les titres de rente à un grand nombre d'acheteurs.

Les banquiers et les courtiers d'effets de commerce,
bill-brokers, qui semblent les régulateurs du crédit
privé, sont impuissans à en dominer les fluctuations.
Dans une ville qui souffre habituellement de l'abondance
des capitaux disponibles, les banquiers subissent plutôt

(1) Sir H. Parnell, *on paper money.* —Tooke, *History of prices.*
(2) *Report on Bank charter.*

les mouvemens du crédit qu'ils ne les dirigent. Les sommes considérables que les particuliers leur confient (1), demandent un placement, et ce placement provoque souvent les excès du commerce et ensuite les crises. Lorsqu'elles éclatent, les banquiers qui n'émettent point de papier de circulation sont à l'abri des reproches des économistes. Ceux-ci sont dans l'usage d'attaquer alors la Banque d'Angleterre.

XXV. CONSTITUTION DE LA BANQUE D'ANGLETERRE.

La fondation de la Banque d'Angleterre remonte à l'année 1694. Elle acheta l'autorisation de limiter aux fonds versés la responsabilité de ses actionnaires, en prêtant au gouvernement anglais son capital, 1,200,000 *l.*, *pour faire la guerre à la France.* L'Etat payait l'intérêt de cette somme à plus de 8 p. o/o par an, et accordait à la Banque le privilège d'émettre des billets à vue et au porteur. Ce privilège, limité d'abord à douze ans, a été renouvelé neuf fois depuis cette époque. Il n'est devenu exclusif, ou à peu près, qu'en 1708. Chaque renouvellement a été acheté par de nouvelles avances ou concessions faites au gouvernement. Le capital de la Banque a successivement été élevé à 14,000,000 *l.*, et toujours prêté à l'Etat (2).

Un capital emprunté par l'Etat a toujours été le gage offert aux porteurs des billets de la Banque d'Angleterre. Aussi le crédit de cet établissement a toujours été confondu avec celui de l'Etat. Jamais le crédit de l'Etat n'a été ébranlé sans que celui de la Banque en ait souffert.

(1) Elles sont évaluées, par M. Pennington, à 25,000,000 *l. Voy. Observations on the pamphlet of J. Horsley Palmer, by Samson Ricardo.*

(2) A l'époque du dernier renouvellement, en 1833, l'Etat a remboursé à la Banque un quart de ce qu'il lui devait, et l'a autorisée à distribuer cette somme entre ses actionnaires.

Heureusement pour l'Angleterre, ni l'un ni l'autre n'ont éprouvé d'altérations profondes.

La Banque d'Angleterre ne paie point l'intérêt des sommes qu'elle reçoit, et il n'y a pas long-temps qu'elle a ouvert à ses déposans un service de comptes-courans. Elle n'escompte guère d'autre papier que les bills de l'Echiquier, et les effets des banquiers de Londres. Le taux de l'intérêt qu'elle perçoit est, dans les temps ordinaires, plus élevé que le taux courant. Dans les temps de crise, elle ne l'élève guère que pour limiter ses émissions de billets. Ainsi le taux de ses escomptes n'est destiné à abaisser l'intérêt des capitaux qu'en temps de crise ou de guerre. Dans l'état normal des choses, elle est à peu près étrangère, par ses escomptes, au mouvement des transactions commerciales. Les immenses ressources que lui procure son crédit sont principalement employées à faciliter les emprunts et les diverses opérations financières du gouvernement (1). La moyenne des sommes avancées par elle à l'Etat, depuis 1820 jusqu'à 1832, élevée à **17,692,244** *l.* (342,306,100 fr.) (2).

Les directeurs de la Banque d'Angleterre ne considèrent point cet établissement comme un comptoir d'escompte. Malgré les avances considérables qu'il a faites au commerce depuis 1793 jusqu'en 1815, et plus tard, dans les temps de crise, en 1818 et 1825, ils estiment que ses fonctions principales sont de fournir du papier-

---

(1) Elle perçoit aussi une partie des revenus de l'Etat, et fait pour lui divers paiemens.

(2) Cette moyenne, comme celles que nous citerons plus tard, est calculée d'après le tableau des bilans semestriels de la Banque, publié à la fin de l'enquête de 1832 *(Report on Bank charter).* Ce n'est donc point, à proprement parler, la moyenne pour toute l'année, mais seulement la moyenne d'après deux états semestriels de chaque année.

monnaie aux besoins de la circulation, et de servir de caisse de dépôt aux particuliers (1).

Depuis 1825, la Banque d'Angleterre a voulu étendre son influence commerciale ; mais les innovations qu'elle a introduites dans son régime intérieur, l'ouverture des comptes-courans, l'établissement des succursales, ont augmenté sa responsabilité, sans ajouter à son crédit, et corrompu ses traditions administratives. Devenue concurrente des banques des comtés, elle a fait à plusieurs d'entre elles une guerre déloyale qui a provoqué de grands désastres (2). Pour étendre violemment dans les comtés la circulation de ses billets, elle a créé des catégories dans ses escomptes ; elle est devenue l'épouvantail des banques inférieures.

Cependant ses bénéfices, loin d'augmenter, ont décru. Pendant toute la guerre, elle avait donné 7 p. o/o de dividende annuel à ses actionnaires, et les sommes qui leur avaient été distribuées à titre d'accroissement de dividende, de 1799 à 1832, s'étaient élevées à 17,318,070 *l.* (3). Durant plusieurs années ils ont obtenu un dividende régulier de 8 p. o/o, mais il a été réduit à 7 p. o/o au mois de mars 1839, et il n'est pas probable qu'il s'élève de quelques temps.

Ce sont les banquiers de Londres et le Trésor public qui mettent en circulation les billets à vue ou à terme *(post-bills)* de la Banque. Ces banquiers, au moyen des captiaux qu'ils possèdent ou qui sont en dépôt chez eux,

(1) *Report on Bank charter.* Q. 181. Réponse de M. Palmer, gouverneur de la Banque.

(2) *Voy.* dans l'*Examination* de Joplin, les procédés de la Banque d'Angleterre envers la *Northern and central bank. Voy.* aussi, dans l'enquête de 1832, Q. 4132, les moyens qu'elle a employés contre la Banque de Manchester.

(3) *Report on Bank charter*, appendix, n⁰ 29.

font, dans les temps ordinaires, le service des escomptes de la place de Londres, et par conséquent de presque tout l'empire britannique. S'ils éprouvent un besoin extraordinaire, ils vont à la Banque réescompter les effets de leur portefeuille. Lorsque les demandes de ce genre se multiplient outre mesure, la Banque élève le taux de l'escompte, et vend quelquefois ses bills de l'Echiquier à ceux qui retirent leurs capitaux au commerce et à l'industrie. Quelquefois aussi le gouvernement acquitte une certaine quantité de ces billets, et diminue pour quelque temps la masse de la dette flottante. Cette opération a pour but d'augmenter sur le marché la quantité des capitaux disponibles.

Ainsi, en Angleterre, le crédit privé a pour point d'appui les capitaux que possèdent les banquiers de Londres, et en temps de crise, le crédit de la Banque, c'est-à-dire de l'Etat. C'est aussi l'Etat qui profite principalement du vaste crédit que suppose la circulation des billets de la Banque d'Angleterre.

En effet, les billets de l'Echiquier ne sont point, comme nos bons du Trésor, accumulés dans quelques caisses publiques. Leur émission n'est point limitée aux besoins de la trésorerie. Ils circulent en grande quantité sur la place de Londres, et les banquiers mettent ordinairement leur réserve sous cette forme. Les capitaux anglais se placent volontiers en billets de l'Echiquier, et le gouvernement a soin de ne pas se priver d'une importante ressource en les faisant disparaître de la circulation. Dans les crises commerciales, ces billets servent à retenir sur le marché les capitaux peureux.

Ils servent aussi de transition aux emprunts permanens. L'Etat a-t-il besoin soudainement d'une somme considérable? Le gouvernement crée des billets de l'Echiquier, et les escompte à la Banque. A l'échéance, s'il ne peut payer, il a de nouveau recours à l'escompte, et perpétue de cette manière la dette flottante. Cependant la Banque négocie aux particuliers les billets de l'Echiquier. Le crédit public, qui aurait souffert si le gouvernement eut ouvert un emprunt considérable, sous l'influence d'un besoin pressant, n'est point ébranlé. Bientôt une certaine somme de billets de l'Echiquier est convertie à l'amiable en rentes perpétuelles. C'est ce qui s'appelle consolider la dette flottante.

Telle est l'alliance qui, en Angleterre, existe entre le crédit public et le crédit privé. L'Etat, par l'intermédiaire et sous le nom de la Banque, emprunte la valeur de la monnaie métallique au public. Le crédit qu'il obtient ainsi sert de réserve à la production dans les temps de crise : il sert aussi, et surtout à faciliter aux moindres frais possibles, les emprunts publics ou placemens à perpétuité. Les fonds ainsi placés, ont été jusqu'ici employés à assurer des débouchés aux producteurs anglais, à leur faire obtenir la préférence sur tous les marchés de l'univers. La guerre a été un placement que la paix a fait fructifier, et l'accroissement de la richesse nationale offre encore à l'Etat de nouvelles ressources. Dans ce système, tout s'enchaîne. Le gouvernement est l'agent d'affaires de la nation; il est chargé de l'enrichir par l'emploi des capitaux qu'elle lui confie. Jusqu'à présent il s'est acquitté de cette tâche mieux qu'il n'était possible de l'espérer. Les privilèges des lords et du clergé, comme le privilège de la Banque, n'ont été que le salaire de services rendus aux capitalistes anglais. Ceux-ci sont directement intéressés à soutenir le crédit de l'Etat et celui de la Banque.

On ne peut se dissimuler que ces privilèges coûtent cher. L'exercice de celui de la Banque a pour effet d'é-

lever le prix du crédit privé, et d'attirer vers les placemens permanens, vers les fonds publics, les capitaux
disponibles. Sur une place où ces capitaux affluent en
aussi grande quantité qu'à Londres, cette influence peut
être utile : elle modère l'esprit de spéculation et d'aven-
ture : elle retient les capitaux en Angleterre, où néanmoins leur abondance est si grande, qu'ils vont se placer à l'étranger dès que le crédit éprouve la moindre
excitation.

XXVI. LA BANQUE D'ANGLETERRE ET LE COURS DU CHANGE.

La principale fonction de la Banque d'Angleterre, est
d'émettre des billets destinés à faire le service de la circulation monétaire. Elle bat, à proprement parler, la
monnaie de l'Etat. Cette faculté que l'usage lui avait
conférée, a été solennellement confirmée par l'acte de
1833, qui renouvelle son privilège. Ses billets ont été
déclarés *legal tender*, monnaie légale. Tout débiteur,
excepté la Banque elle-même, peut obliger son créan-
cier à les recevoir en paiement.

Il n'est pas facile de jouer, sans reproche, le rôle de
modérateur de la circulation sur une place telle que
Londres. Il n'est aucune ville au monde où le change
soit exposé à des causes de variation aussi nombreuses.
L'abondance des capitaux anglais provoque sans cesse
leur émigration. Ils sont toujours prêts à se placer dans
les fonds publics les plus décriés. Les emprunts qui
se négocièrent en 1824 et en 1825 sur la place de
Londres, s'élevaient à la somme énorme de 29,300,000
livres sterling (1). De 1830 à 1832, le bas prix des
fonds français et hollandais offrit matière aux spécula-

____

(1) *Report on Bank charter*. Q. 2812-2813.

tions des capitalistes de Londres, et en 1834, ils n'ont pas hésité à donner tête baissée dans les emprunts espagnol et portugais (1) : enfin, en 1839, ils ont pris avec empressement des titres d'emprunts des Etats de l'Union américaine, des actions de chemins de fer, de banques, de canaux situés au-delà de l'Atlantique.

A cette cause permanente de perturbation du change sur la place de Londres, il faut joindre des importations fréquentes de grains étrangers, les variations du prix de l'or, et en temps de guerre, les dépenses que le gouvernement fait à l'extérieur.

La Banque d'Angleterre s'est constamment montrée inhabile à prévenir les crises auxquelles le dérangement du change a souvent donné lieu. Tout le monde au-delà du Détroit, excepté les directeurs de la Banque, est d'accord sur ce point. Bien qu'elle se soit vantée d'avoir un système certain pour dominer le cours du change, elle s'est toujours laissée aller au mouvement que lui imprimaient les demandes d'escomptes, soit de la part du gouvernement, soit de la part des particuliers. Maintes fois elle a augmenté ses émissions en présence de spéculations folles, d'exportations de numéraire évidentes. Au lieu de rappeler les espèces en réduisant la quantité du papier-monnaie, elle a encouragé leur exportation, et n'a commencé à restreindre ses émissions que lorsque la cherté de l'or faisait rentrer une grande quantité de ses billets (2). C'est ce que lui reprochait M. Van Buren

(1) *Ricardo's Observations on the pamphlet of J. Horsley Palmer.*

(2) *Voy.* Tooke's *History of prices*, les opuscules déjà citées de sir H. Parnell et de Samson Ricardo. *Voy.* surtout l'histoire détaillée de la crise de 1825, dans l'*Examination* de Joplin, et la brochure anonyme intitulée : *The power of the Bank of England and the use it has made of it.*

dans son dernier message (1). Il est certain que, sous ce rapport, la Banque d'Angleterre n'a pas montré plus de prévoyance que le banquier le plus ignorant. Mais il faut reconnaître qu'elle ne pouvait agir autrement sans refuser l'escompte ou à l'Etat ou à de bonnes signatures commerciales ; que souvent elle a été entraînée par la nécessité de soutenir les opérations financières du gouvernement et, par exemple, en 1823 et 1824, une conversion de rentes.

XXVII. SERVICES RENDUS A L'ANGLETERRE PAR SA BANQUE.

Les économistes anglais sont unanimes dans leurs accusations contre la Banque d'Angleterre. Si l'on ne considérait cet établissement qu'au point de vue économique, on ne saurait contester qu'il ne soit un obstacle et quelquefois un fléau. Mais c'est en même temps une forte institution politique, un puissant instrument de guerre. Fondée pour faire la guerre à la France, la Banque d'Angleterre n'a pas démenti son origine. Durant tout le 18e siècle, et notamment pendant les guerres de 1755 et de 1775, elle avança de fortes sommes au gouvernement anglais, et lui fournit le moyen de contracter cette dette dont l'énormité effrayait, dès l'année de 1740, Bolingbroke et l'Europe entière. Dans la lutte de 22 ans que l'Angleterre a soutenue contre la République française et l'empereur, les ressources de la Banque se sont trouvées égales aux besoins du gouvernement. Dès le mois de février 1797, Pitt, prévoyant sans doute les longs efforts que son pays serait obligé de faire, suspendit d'autorité, sous un léger prétexte, les paiemens de la Banque dont les billets purent dès-lors être assimilés au papier le plus décrié. Cependant ils ne perdirent pas beaucoup de leur

(1) Et M. Carey : *Voy. The credit system*, etc.

valeur, malgré d'énormes importations de grains, malgré les dépenses colossales que le gouvernement anglais faisait à l'étranger pour tenir à sa solde les rois de l'Europe. La moyenne des sommes avancées par la Banque depuis le mois de février 1793 jusqu'au mois d'août 1815, fut de 15,355,633 *l.* (383,890,845 fr.). Du 31 août 1811 au 31 août 1815, cette moyenne fut égale à 25,124,927 *l.* (515,073,180 fr.), et le 31 août 1814, elle était à découvert de 34,982,485 *l.* (874,562,125 fr.) En ces temps difficiles, les emprunts du gouvernement absorbaient la plus grande partie des capitaux disponibles. La Banque ouvrait au commerce de larges crédits, sans élever le taux de l'escompte. Tels sont les services qui ont défendu et qui défendent encore la Banque d'Angleterre contre les attaques méritées dont elle a été l'objet.

XXVIII. Law. Caisse d'escompte. Assignats.

Pendant que l'Angleterre jetait les bases de son immense crédit par l'établissement de sa banque et par une refonte judicieuse des monnaies, la France, abandonnant le sage système de Colbert, ne trouvait que dans les expédiens les plus ruineux les ressources nécessaires pour soutenir une guerre dispendieuse. Le gouvernement, volé par les traitans et pressé de besoins, avait recours aux exactions les plus odieuses, et violait à chaque instant la foi publique. Lui ou ses agens tentèrent des émissions de papier, sous les dénominations diverses de *billets de monnaies, billets de subsistance, billets d'ustensile, billets des sous-fermiers des aides et des trésoriers, promesses des fermiers-généraux, billets des receveurs-généraux.* On abusa promptement de ses émissions, et le crédit public en reçut de cruelles atteintes.

Le système de Law eut d'abord un immense succès, mais bientôt il périt par les vices de son organisation et par les dilapidations de la cour. Il n'en resta qu'un bouleversement général des idées et des fortunes, un goût d'agiotage et un long préjugé contre le papier-monnaie.

On peut dire que pendant les dernières années du dix-septième siècle et les soixante-dix premières du dix-huitième, le gouvernement fut presque constamment en état de banqueroute. La forme absolue, les actes arbitraires, les dilapidations effrontées du despotisme royal arrêtèrent constamment l'essor du crédit public. La production était comprimée par une législation absurde et oppressive, par des traités de commerce ruineux.

Sous Louis XVI, l'administration de Turgot donna au gouvernement une moralité qu'il n'avait point eue jusques là. En même temps que ce ministre abolissait les jurandes et les maîtrises, et s'efforçait d'introduire la réforme dans l'assiette de l'impôt, il créait la Caisse d'escompte.

Le capital de cet établissement fut d'abord fixé à 15 millions, sur lesquels 10 millions devaient être prêtés à l'Etat et remboursés en annuités. C'était ainsi que 82 ans auparavant avait été fondée la Banque d'Angleterre. Mais à l'époque où naissait la Caisse d'escompte, le crédit public était presque anéanti. Les actions ne se plaçaient qu'avec difficulté; le gouvernement dut renoncer à son emprunt de 10 millions. Délivrée d'une solidarité fâcheuse, la Caisse d'escompte s'établit aisément sur ses propres ressources, avec un capital de 7,500,000 *l.* En 1779, un arrêt du Conseil porta ce capital à 12 millions, et fixa le taux de l'escompte à 4 p. o/o en temps de paix, à 4 1/2 p. o/o en temps de guerre.

En 1783, le monde commercial fut bouleversé par

une crise violente. La Caisse d'escompte en ressentit le contre-coup. Elle devait alors 6 millions au gouvernement qui, ne pouvant les lui rembourser, l'autorisa, par arrêt du conseil, à payer ses billets avec les lettres de change de son portefeuille. Au mois de novembre, les 6 millions furent remboursés, les paiemens en espèces repris et le capital de la Caisse porté à 15 millions. Elle prospéra pendant les trois années suivantes, et en 1786, elle put distribuer à ses actionnaires un dividende de 15 et 1/2 p. o/o.

Ce succès éclatant prouvait d'une manière évidente combien le crédit privé était supérieur au crédit public. Mais il est impossible qu'un puissant instrument de crédit privé, comme était alors la Caisse d'escompte, ne soit pas forcé à subvenir aux besoins d'un gouvernement obéré et puissant. En 1788, cet établissement reçut une nouvelle organisation : son capital fut augmenté de 70 millions; son privilège d'émettre des billets au porteur et à vue fut prorogé pour 30 ans; mais en même temps, le gouvernement lui empruntait, sous prétexte de cautionnement, les 70 millions qu'elle demandait à une nouvelle émission d'actions. Le crédit public était si profondément ruiné à cette époque, que ce prêt de 70 millions causa immédiatement une panique. Ce ne fut qu'avec peine et au moyen des remboursemens effectués par le gouvernement que la Caisse put payer les billets qui lui furent présentés.

En 1788, nouvelle panique. Celle-ci avait une cause politique. Chacun sentait l'approche d'une commotion politique, et voyant la détresse financière de l'Etat à son comble, prévoyait des crises et des expédiens. Un arrêt du conseil suspendit les paiemens en espèces de la Caisse d'escompte, et l'autorisa une seconde fois à distribuer à ses créanciers les effets de son portefeuille. Elle fit au Trésor public des avances considérables, qui eurent pour effet de prolonger la suspension des paiemens en espèces jusqu'à la révolution.

Le discrédit était alors à son comble, et le change était tout-à-fait contraire à la France. La suspension des paiemens de la Caisse, résultat de l'embarras des finances; la disette des grains; des troubles politiques dont il était impossible de prévoir la fin et le résultat; telles étaient les principales causes qui faisaient exporter ou enfouir le numéraire.

Cette situation inspira une multitude de projets tendant à reconstituer le crédit public et privé. Plusieurs ont une haute portée, et attestent à la fois le patriotisme et le génie de leurs auteurs; mais aucun d'eux n'a reçu d'application.

Dans tous les écrits de cette époque, on remarque une défiance profonde du pouvoir royal et de la Caisse d'escompte qui avait pris part aux opérations financières de la monarchie absolue. On augurait mieux du crédit de la France régénérée, et l'opinion proclamait cette maxime de Law, que « l'Etat doit donner le crédit et non le recevoir. »

Cette tendance des esprits donna lieu à l'émission des assignats.

Il y eut alors dans la circulation deux espèces de papier-monnaie d'origine différente. Celui de l'Etat eut bientôt un cours forcé, et servit à l'acquittement d'une partie de ce que le Trésor devait à la Caisse d'escompte.

Cet établissement dont M. Necker et plusieurs autres hommes d'Etat avaient voulu faire une banque nationale, intermédiaire obligé entre le crédit public et le crédit privé, cet établissement avait comparu devant l'opinion avec des antécédens fâcheux. Il avait souffert du discrédit de la monarchie : en limitant ses escomptes aux principales maisons de Paris, il avait soulevé beaucoup de haines. Telles furent les causes qui firent préférer à son crédit le crédit national.

Cependant les événemens qui se succédèrent de 1789 à 1793, altérèrent profondément celui-ci. Les émigrations enlevèrent ce qui restait de numéraire, et réduisirent considérablement la somme des capitaux disponibles que la France possédait : la désorganisation administrative suspendit toutes les transactions, et fit cacher les métaux précieux au moment même où la disette rendait nécessaires de nouvelles importations de grains. Les assignats furent bientôt dépréciés. Leur principal inconvénient était de représenter un capital engagé, des terres, et des terres auxquelles l'état politique du pays ôtait la plus grande partie de leur valeur. S'ils n'eussent pas été trop multipliés, ils eussent pu servir au moins comme monnaie, comme signe d'échanges ; mais les besoins de l'Etat furent tels que la valeur de toute la circulation métallique de la France ne pouvait suffire à y subvenir. Le gouvernement fut forcé de multiplier les assignats au-delà des besoins de la circulation, c'est-à-dire de les déprécier. Ce fut pour détruire la concurrence que leur faisaient les billets de la Caisse d'escompte que la Convention ordonna la liquidation de cet établissement. Le jour où il avait été décrété que l'Etat émettrait du papier-monnaie, ce résultat pouvait être prévu. Il était commandé par la force des choses, et on doit s'étonner qu'il n'ait pas eu lieu plus tôt.

Malgré toutes les mesures employées pour les soutenir, les assignats succombèrent, pendant que les billets de la Banque d'Angleterre, qui avaient cessé d'être échangeables contre de l'or, se maintenaient à peu près à 3 p. o/o au-dessous du pair. La fortune différente du papier-monnaie en France et en Angleterre, tint à la différence de l'état politique des deux pays. En Angleterre le crédit était solidement établi depuis un siècle, et le billet de banque n'était point un signe nouveau dans la circulation. D'ailleurs, l'ordre administratif et politique n'était point troublé ; la production pouvait remplacer les capitaux disponibles qu'absorbaient les emprunts du gouvernement. Dans une situation semblable, la France aurait très facilement réalisé la valeur des biens nationaux. Mais les circonstances furent si impérieuses qu'il fut impossible d'éviter des mesures qui anéantirent tout crédit.

XXIX. HISTOIRE DE LA BANQUE DE FRANCE.

Aussitôt que la république fut consolidée par la victoire, les espèces métalliques commencèrent à reparaître ; le crédit privé renaquit bientôt. Une société en commandite, constituée sous le nom de *Caisse des comptes-courans,* se consacra à l'escompte des effets de commerce, au service des paiemens et recouvremens qui, en tout temps, abondent sur une place de commerce comme Paris.

Bonaparte, devenu consul, comprit toute l'importance du crédit puplic et privé. Il voyait quelles ressources l'Angleterre tirait de sa banque, et résolut de fonder en France un établissement semblable. La dette publique avait été régularisée par la Convention, et il suffisait de surmonter le préjugé que la chute des assignats avait élevé contre le papier-monnaie, pour créer le crédit public. En attendant, il convenait de relever le crédit privé et d'abaisser le taux de l'intérêt qui, même sur la place de Paris, se payait 9 p. o/o.

La Caisse des comptes-courans avait commencé cette œuvre dès l'année 1796, en escomptant à 6 p. o/o. Il fallait élever cet établissement et, pour ainsi dire, le nationaliser. Un arrêté des consuls lui donna le nom de *Banque de France,* ordonna que la moitié des cautionne-mens exigés des receveurs-généraux fut fournie en actions de la Banque, et que les fonds de la Caisse d'amortissement lui seraient confiés. Un mois après, son capital fut porté à 30 millions.

Pendant les deux années qui suivirent, le gouvernement eut souvent recours à la Banque, mais il s'en servit modérément et de manière à ne pas altérer son crédit.

La loi du 24 germinal, an XI, éleva le capital de la Banque à 45 millions, et lui accorda pour 15 ans le privilège exclusif d'émettre des billets au porteur et à vue. Cette dernière disposition détruisit les établissemens rivaux dont le capital fut presque tout entier employé à l'acquisition des actions nouvelles que la Banque émettait.

C'est la loi du 24 germinal, an XI, qui a déterminé la coupure des billets. Elle fixait à 6 p. o/o le maximum des dividendes annuels, le surplus des bénéfices devant former un fonds de réserve destiné à être colloqué en fonds publics inaliénables , à moins d'autorisation du gouvernement. Il était évident que le pouvoir avait de hautes vues sur la Banque, et qu'il voulait s'en servir pour relever à la fois le crédit public et le crédit privé.

Dès la fin de l'an XII, les bénéfices mis en réserve par la Banque, avaient suffi à l'acquisition de 255,000 f. de rentes. Elle avait avancé à l'Etat ou au commerce des sommes considérables, et fait venir d'Espagne des espèces métalliques pour une valeur de 101 millions. Les secours qu'elle fournissait au Trésor, en escomptant les obligations des receveurs-généraux, étaient fort utiles, car ces obligations n'auraient pu être négociées dans le commerce qu'à 10 ou 12 p. o/o, et la Banque les recevait à 6 p. o/o (1).

Cependant ses découverts envers l'Etat augmentaient chaque jour et le crédit public s'affaiblissait de nouveau. On fit courir le bruit, en 1805, que l'empereur avait emprunté et emporté en Allemagne le capital de la Banque. Les porteurs de billets s'alarmèrent, et les demandes de remboursement se succédant sans relâche, il fallut avoir recours à une suspension partielle des paiemens, en les limitant à 500,000 fr. par jour. La bataille d'Austerlitz releva d'un même coup le crédit de l'Etat et celui de la Banque.

La loi du 22 avril 1804, mit cet établissement sous la surveillance d'un gouverneur et de deux sous-gouverneurs nommés par le gouvernement, introduisit trois receveurs-généraux parmi les 15 régens, régla les formes de l'administration intérieure et déféra au Conseil d'Etat les infractions aux lois et réglemens qui seraient commises par ses administrateurs. Son capital fut porté à 90 millions et son privilège prorogé pour 25 ans. Les deux tiers des bénéfices, destinés auparavant à l'acquisition de rentes inaliénables, furent ajoutés aux distributions annuelles de dividende. Ces dernières dispositions étaient accordées aux actionnaires en compensation des droits que leur enlevait l'intervention directe du pouvoir dans les affaires de la Banque. Deux décrets de 1808 complétèrent la législation à laquelle elle est encore soumise.

Depuis l'an VIII, le gouvernement s'était servi de la Banque pour effectuer une partie des recettes et des paiemens de l'Etat. Ce service lui fut retiré; bientôt son capital de 90 millions se trouva excessif et elle obtint l'au-

(1) Article de M. Gautier déjà cité.

torisation de racheter vingt-deux mille cent actions, ce qui réduisit ce capital à 67,900,000 fr. Elle avait cependant accordé, dès 1807, un prêt fixe de 40 millions au trésor qui usait largement des ressources qu'elle lui offrait.

Pendant toute la durée du régime impérial, les opérations de la Banque furent restreintes, comme celles du commerce et de l'industrie. Le crédit ne renaissait qu'avec peine et lentement, de telle sorte que l'émission d'un papier-monnaie ne cessa pas d'être suspecte. D'ailleurs les capitaux disponibles étaient encore rares.

La savante constitution de la Banque fut elle-même un inconvénient. Le crédit de cet établissement était jusqu'à un certain point lié au crédit de l'Etat, et celui-ci n'avait aucune force. Son essor était contenu par une vieille et constante tradition, par le caractère arbitraire du gouvernement impérial et par les soupçons d'instabilité qu'il inspirait. Tout le monde sentait que ce gouvernement n'était appuyé ni sur la nation, ni sur un principe, mais sur un homme. Quelque puissant que fût cet homme, quelqu'éblouissantes que fussent ses victoires, on comprenait qu'elles ne garantissaient rien; qu'un faux système les rendait stériles, puisqu'elles n'aboutissaient point à une paix générale et durable.

La Banque partagea donc toutes les vicissitudes du crédit impérial; elle eut des crises et des victoires, des succès et des revers. Enfin, en 1814, elle arriva au dernier période d'épuisement et de faiblesse : elle sembla près de succomber avec l'empire.

Il n'est pas étonnant qu'en 1814, la Banque ait souffert d'une crise violente. L'invasion suffisait, elle seule, pour suspendre toutes les affaires et pour anéantir le crédit public. Le comte d'Artois d'ailleurs avait ouvert aux produits anglais la barrière de nos douanes et l'abais-

sement soudain des prix sur la foi desquels nos manufactures et notre commerce avaient opéré, causait des pertes énormes. La Banque limita encore une fois ses remboursemens de billets à 500,000 fr. par jour, et la situation dans laquelle elle se trouvait au 5 avril équivalait
presque à une liquidation. Le taux de l'escompte qui était
descendu à 4 p. o/o, remonta à 5 p. o/o.

La Restauration, amenant une paix dont l'épuisement
de la France faisait prévoir la longue durée, rétablit la
confiance des hommes d'affaires. Après les secousses
de 1814 et de 1815, le crédit public s'éleva en même
temps que le crédit privé. La forme du gouvernement
donnant à la liberté politique plus d'extension qu'elle
n'en avait eu sous l'empire, était, elle seule, une garantie
de stabilité. La Banque prit part aux opérations du gouvernement de la Restauration, mais elle put le faire
sans danger, parce que le crédit public était désormais
solidement fondé. Dès 1815, la somme de 40 millions
que l'Etat lui devait, fut mise sous la forme de bons du
Trésor et remboursée en trois ans. La Banque n'éprouva
aucun embarras de cette augmentation de capital auquel l'accroissement rapide des affaires fournit un utile
emploi.

Les crises de 1818 et de 1825 ne furent pas très vio-
lentes en France. En 1830, le crédit de la Banque ne souffrit point de la commotion politique, de sorte que les
opérations et l'importance de cet établissement ont suivi
une progression à peu près régulière depuis 1815.

XXX. CONSTITUTION ADMINISTRATIVE DE LA BANQUE DE FRANCE.

Aujourd'hui la Banque de France possède un capital
de 67,900,000 fr. représentés par 67,900 actions de

mille francs, nominatives et transférables sur lesquelles il ne peut être fait aucun appel de fonds. Elle possède en outre une réserve de 500,000 fr. de rente 5 p. o/o, son hôtel et le mobilier qu'il renferme.

L'assemblée générale de la Banque est formée par les deux cents actionnaires qui ont le plus grand nombre d'actions depuis les six mois qui précèdent la convocation. Cette assemblée représente l'universalité des actionnaires : elle choisit entre tous les actionnaires, quinze régens auxquels l'administration est confiée, et trois censeurs chargés de surveiller les opérations. Les régens et les censeurs doivent posséder chacun 30 actions qui, pendant la durée de leurs fonctions, sont inaliénables. Trois régens doivent être pris parmi les receveurs-généraux des finances.

La direction supérieure appartient à un gouverneur et à deux sous-gouverneurs nommés par le gouvernement. Le gouverneur doit justifier de la propriété de cent actions, et chacun des sous-gouverneurs de la propriété de cinquante actions qui, pendant la durée de leurs fonctions, sont inaliénables.

Le gouverneur, les sous-gouverneurs, les régens et les censeurs composent le conseil-général de la Banque.

Le gouverneur a un droit de veto très-étendu ; mais son action se borne à peu près à l'exercice de ce droit. La direction effective des affaires appartient au conseil-général, dans lequel les délégués ou agens du gouvernement n'ont que six voix sur vingt-quatre.

Les quinze régens et les trois censeurs sont répartis en cinq comités. Ces comités dont les noms indiquent les fonctions, sont : le comité d'escompte ; le comité des billets ; le comité des livres et portefeuilles ; le comité des caisses ; le comité des relations avec le Trésor et avec les receveurs-généraux. Il doit y avoir dans ce comité au moins deux receveurs-généraux régens.

Le conseil d'escompte est composé de douze membres pris parmi les actionnaires exerçant le commerce à Paris. Ces douze membres sont nommés par les trois censeurs sur une liste triple de candidats présentée par le conseil-général. Les effets sont admis à l'escompte sur le rapport du conseil d'escompte et sur la proposition du conseil-général, approuvée par le gouverneur. Le conseil-général détermine le taux de l'escompte, les sommes à y employer et les échéances hors desquelles les effets ne sont point admis.

Les émissions de billets sont sous la surveillance spéciale des censeurs. S'ils s'opposent unanimement à une nouvelle création, elle n'a pas lieu. La moindre coupure des billets est de 500 fr.

La Banque ne peut faire d'autre commerce que celui des matières d'or et d'argent. Ses opérations consistent : 1° à escompter des effets de commerce, à des échéances déterminées qui ne peuvent excéder trois mois et souscrits par des personnes notoirement solvables ; 2° à se charger du recouvrement des effets qui lui sont remis ; 3° à recevoir en compte-courant les sommes qui lui sont versées par des particuliers et des établissemens publics ; 4° à payer les dispositions faites sur elle et les engagemens pris à son domicile jusqu'à concurrence des sommes encaissées ; 5° à tenir une caisse de dépôts volontaires pour tous titres, lingots et monnaies d'or et d'argent. Les effets ne sont admis à l'escompte que garantis au moins par trois signatures ou par deux signatures et un transfert d'actions de la banque ou de 5 p. o/o, valeur nominale. La Banque peut faire des avances sur dépôt de matières d'or et d'argent ou d'effets publics français. Les récépissés de dépôt qu'elle délivre sont à terme ou à vue : elle émet des billets à terme.

Tous les six mois, la Banque doit rendre compte au gouvernement des opérations qu'elle a faites pendant le semestre.

La Banque ne peut établir de comptoirs d'escompte dans les départemens qu'avec l'autorisation du gouvernement. Elle possède le privilège exclusif d'émettre des billets à vue et au porteur dans les villes où elle a des comptoirs. La moindre coupure de ses billets est fixée à 250 fr.

Les fonds et les billets des comptoirs sont fournis par la Banque. C'est le gouvernement qui, dans les départemens, détermine le taux de l'escompte. Les comptoirs ne peuvent faire entre eux aucune affaire, sans une autorisation expresse de l'Administration centrale.

Ces comptoirs sont régis par un directeur, à la nomination du gouvernement, par des administrateurs, dont le nombre peut varier de 6 à 16, et par trois censeurs. Les censeurs sont nommés par le conseil-général de la Banque, et les administrateurs par le gouverneur, sur une liste double qui lui est présentée par l'assemblée des 50 plus forts actionnaires de la localité dans laquelle le comptoir est établi, ou par le conseil-général.

Les opérations des comptoirs sont surveillées par des inspecteurs que nomme le gouverneur de la Banque.

Du reste, les opérations sont limitées et les conditions de l'escompte réglées de la même manière que pour la Banque de France elle-même.

La législation qui régit cet établissement est remarquable surtout par l'abondance des dispositions restrictives qu'elle renferme. Le législateur a tellement redouté l'abus qu'il a presque prohibé l'usage. Les banques dont l'établissement a été autorisé dans plusieurs villes de France ont dû se soumettre à des statuts calqués sur ceux de la Banque centrale et régulatrice.

TROISIÈME PARTIE.

DES BANQUES FRANÇAISES ET DES AMÉLIORATIONS
DONT LEUR RÉGIME EST SUSCEPTIBLE.

XXXI. DU PRIVILÈGE DE LA BANQUE DE FRANCE.

Avant d'examiner jusqu'à quel point il est opportun de maintenir ou de modifier la législation relative à la Banque de France, il convient de poser, en droit et en équité, la question du privilège.

La Banque possède le privilège exclusif d'émettre des billets à vue et au porteur, à Paris et dans toutes les villes où elle a créé des comptoirs. La dérogation au droit commun par laquelle il fut constitué, nuisit à plusieurs établissemens désignés dans l'article 30 de la loi du 24 germinal an XI. Il n'est pas douteux que ce privilège n'ait empêché depuis cette époque la fondation de plusieurs banques du même genre, et privé le public des avantages qu'il aurait retiré de leur concurrence.

Les actionnaires de la Banque ont pu, grâce au monopole que la loi leur confère, réaliser des dividendes de 6 à 14 p. o/o par an, et ils ont vu leur propriété s'accroître chaque année, pendant que le taux courant de l'intérêt variait de 6 à 3 1/2 p. o/o; pendant que les propriétaires des fonds déposés à la Banque n'en recevaient aucun intérêt.

La Banque a retiré et retire un immense avantage de son privilège : cet avantage est acheté par un grand sacrifice public.

L'existence de ce privilège ne peut donc être justifiée que par les services que la Banque a rendus et doit rendre aux particuliers et à l'Etat, par l'utilité publique.

Et si des considérations d'utilité publique le font maintenir, il est juste de le réduire autant que l'utilité publique le comporte, et de faire participer l'Etat, c'est-à-dire tous les contribuables, aux bénéfices auxquels il donne lieu.

XXXII. QUELS SERVICES A RENDUS LA BANQUE DE FRANCE.

Il n'est pas exact de dire que la Banque de France rend de grands services, seulement parce qu'elle escompte des bons du Trésor ou des effets de commerce faciles à négocier. Il est évident que si elle n'escomptait pas de valeurs, elle ne pourrait pas mettre des billets en circulation et réaliser des bénéfices. Une banque ne rend de services réels que lorsqu'elle procure à l'Etat, ou aux particuliers, un crédit qu'ils n'auraient pas obtenu sans elle; lorsqu'elle prévient les crises, ou en attenue l'effet, en accordant des secours au commerce; lorsqu'elle obtient, au profit du public, une économie notable dans le service de la circulation monétaire.

La Banque de France n'a point, depuis la chute de l'empire, rendu de grands services à l'Etat. Il faut convenir que le gouvernement n'a usé qu'avec une extrême modération du crédit qu'elle ne pouvait lui refuser.

Quant au commerce et à l'industrie, la Banque peut leur être utile de plusieurs manières : soit en abaissant le taux de l'intérêt; soit en mettant à leur service les vastes ressources de crédit que son privilège lui procure, et notamment en empruntant à la circulation métallique des valeurs considérables pour les leur prêter.

Il est fort douteux que la Banque de France ait contribué à l'abaissement de l'intérêt depuis la Restauration. Si le service des escomptes avait été fait par plusieurs banques de circulation, il est certain que le loyer des capitaux aurait été moins cher. Sous ce rapport, le privilège a été nuisible aux intérêts de la production.

Ce ne fut pas à la Banque, mais au Trésor que l'industrie obtint des secours contre la crise de 1830. Pendant les deux années qui suivirent la révolution de juillet, la Banque réduisit ses escomptes comme le plus timide des capitalistes. Dans les premiers mois de 1830, les valeurs commerciales qu'elle avait en portefeuille s'élevaient à 129,598,000 fr.; elles descendirent pendant les derniers mois à 75,446,000 fr. En 1831, les escomptes varièrent entre 84,944,000 fr. et 25,190,000 fr. En 1832, enfin, ils ne montèrent pas au-dessus de 29,678,000 fr. et ils descendirent jusqu'à 18,625,000 fr. Durant la même année, les avances au Trésor variaient de 49,434,000 fr. à 10,500,000 fr.

Jamais cependant le public n'accorda plus de crédit à la Banque que pendant ces trois années. La circulation de ses billets s'éleva à 258,104,000 fr. et elle ne descendit pas au-dessous de 200,621,000 fr. Le chiffre de dépôts atteignit 116,590,000 fr. et ne fut pas inférieur à 39,153,000 fr. Elle eut en caisse jusqu'à 281,583,000 f. de numéraire, et jamais moins de 104,349,000 fr. (1). En comparant les escomptes de 1832 à ceux de 1830,

____

(1) *Documens statistiques* publiés, en 1835, par le ministère du commerce.

on trouve une différence en moins de près des quatre cinquièmes, et cette énorme réduction avait lieu au moment où la circulation et le numéraire en caisse atteignaient leur maximum; au moment où les avances réclamées par le Trésor étaient réduites au minimum : elle fut donc entièrement spontanée.

Les embarras commerciaux qui se sont manifestés depuis cette époque et notamment à la suite des crises américaines, n'ont pas eu beaucoup de gravité. La Banque n'a point réduit ses escomptes : elle ne les a point non plus augmentés considérablement.

Il serait donc inexact de dire que la Banque a rendu des services au commerce, lorsqu'il a éprouvé des besoins extraordinaires.

Si la circulation de ses billets procure au public une économie, cette économie est assurément peu importante. Il est rare que la somme des billets en circulation excède d'un tiers le numéraire en caisse. Souvent la somme du numéraire en caisse est égale à celle des billets en circulation; quelquefois aussi elle est supérieure. Bien que la Banque de France soit d'après ses statuts une banque de circulation, on a pu dire avec quelque justice qu'elle se bornait presque aux fonctions de banque de dépôts. Les peuples habitués à l'usage du crédit ne pourraient concevoir qu'une banque pût conserver en caisse 281,583,000 fr. d'espèces pour répondre d'une circulation de 258,104,000 fr.

Remarquez encore que dans ces immenses réserves de numéraire, n'est pas comprise la majeure partie du capital de la Banque dont 40,639,580 fr. étaient, au 24 décembre 1838, placés en rentes sur l'Etat.

Le commerce adresse à la Banque plusieurs autres reproches. Il l'accuse de n'ouvrir ses escomptes qu'à quelques signatures privilégiées et d'abandonner le petit commerce à l'usure. Il l'accuse d'avoir réduit les crédits ouverts à certaines maisons, sous l'influence exclusive de passions politiques.

Laissons de côté cette dernière accusation dont la base est incertaine et qui n'admet guère ni preuve ni réfutation.

Au premier reproche, on a répondu que la Banque escomptait beaucoup de petits billets, surtout depuis quelques années; que le nombre des présentateurs de bordereaux était à peu près égal à celui des ayans-compte; que sur le nombre des maisons qui ont acquis le droit d'escompter à la Banque, et qui s'en servent, les deux cinquièmes seulement, ou environ, se livrent principalement ou exclusivement au commerce de l'escompte; qu'un cinquième se compose de marchands en demi-gros, ou en détail, ou de simples artisans; enfin, que les plus riches maisons de banque de Paris n'usent pas habituellement de la faculté d'escompter leur papier à la Banque (1).

Il est certain que pendant long-temps le papier du petit commerce n'est arrivé à la Banque que par des intermédiaires chèrement rétribués. Ces intermédiaires ne sont pas toujours, ne sont pas peut-être habituellement des banquiers de profession. Mais combien de négocians, combien de marchands en demi-gros et en détail se sont servis des crédits qui leur étaient ouverts pour faire le commerce de l'escompte? Nous croyons qu'il est difficile à l'administration de la Banque elle-même de distinguer bien exactement les billets qui proviennent directement de transactions commerciales de ceux qui prennent la voie des intermédiaires.

Quant aux plus riches maisons de banque de Paris,

(1) Article de M. Gautier déjà cité.

on sait qu'elles ne se livrent pas à l'escompte du papier
de commerce ; qu'elles donnent trop souvent à leurs capitaux, et à ceux qu'elles obtiennent du crédit, un emploi moins utile à la société. Il est naturel que les capitaux qu'elles possèdent suffisent à leurs opérations
habituelles, et il est probable qu'elles réclament plus souvent des avances par dépôt de titres de rente ou de matières précieuses, que par l'escompte de leur papier.

XXXIII. POURQUOI LE PRIVILÈGE DE LA BANQUE DOIT ÊTRE CONSERVÉ.

A l'époque de sa fondation, la Banque a rendu de
grands services. Elle a abaissé d'un tiers environ le taux
de l'intérêt, pour les particuliers, et de moitié pour l'E-
tat ; elle a puissamment contribué au rétablissement du
crédit public et privé, à la réhabilitation du papier-monnaie. Environnée d'une défiance profonde, elle devait
procéder avec une extrême prudence et ménager, pour
le service de l'Etat, les ressources de son crédit. Lorsque son privilège lui a été accordé, il importait à l'Etat
d'avoir à tout prix un grand établissement de crédit,
qui présentât toutes les garanties désirables de stabilité.
Dans un tel état de choses, les précautions ne pouvaient
pas être excessives, et la législation sévère, portée par
l'empereur, se justifiait par elle-même.

Sous la Restauration, et surtout depuis la révolution
de juillet, la Banque a cessé d'être un établissement indispensable de crédit public ; elle a pris un caractère
presque exclusivement commercial.

Mais, comme instrument de crédit commercial, ses
imperfections sont évidentes. Le taux auquel ses escomptes sont fixés n'est pas assez inférieur au taux courant de l'intérêt pour exercer sur la production une

utile influence. Il est certain au contraire que le prix
courant du crédit serait moins élevé, si le privilège de
la Banque n'était un obstacle à la création de tout établissement du même genre. C'est ce que prouve l'élévation excessive des dividendes que distribue la Banque à
ses actionnaires.

D'autre part, les affaires de la Banque sont si vastes
et si multipliées qu'il est impossible à son administration, quelque libérale qu'on la suppose, de connaître à
fond le personnel commerçant et industrieux d'une
place aussi importante que Paris; il est impossible qu'elle
ne refuse pas quelquefois du crédit à des personnes qui
en méritent.

L'exclusion des effets qui ne sont pas revêtus de trois
signatures, et qui ont plus de quatre-ving-dix jours à
courir, augmente encore cet inconvénient. Combien peu
de billets peuvent, naturellement et sans le secours d'intermédiaires payés fort cher, profiter des facilités que la
Banque accorde!

Un établissement qui est toujours plus ou moins dé-
pendant du gouvernement, ne peut d'ailleurs sans inconvénient dispenser directement les faveurs du crédit à la
production. On craint de voir les passions politiques
exercer, dans une sphère qu'elles devraient respecter,
une influence funeste. Il serait sans doute imprudent
d'ajouter foi à certaines accusations proférées à voix
basse contre la Banque de France. Mais il est incontestablement fâcheux qu'elles *puissent* être fondées.

Le pouvoir absolu est toujours terrible, en matière
de crédit comme en matière politique. Or, le pouvoir
que la Banque tire de son privilège la rend presque maî-
tresse absolue du crédit privé. Il est difficile de se faire
une idée de la terreur qu'elle inspire au monde commercial. Cette terreur étouffe les réclamations et même les

plaintes, comme ont pu s'en convaincre les personnes qui ont voulu prendre sur elle des informations.

Si la Banque de France n'était qu'un établissement de crédit privé, il serait impossible de défendre un instant son privilège. Le commerce et l'industrie de Paris n'auraient qu'à gagner à la création de plusieurs banques de circulation, qui se feraient une concurrence utile et réglée. Le taux de l'intérêt serait certainement abaissé; le crédit serait mieux et plus largement réparti. Mais si la Banque de France ne rend pas en ce moment de services à l'Etat, elle pourra lui en rendre à l'avenir, et il y aurait une haute imprudence à briser un instrument de crédit fort et éprouvé dont il est facile de tirer parti et que l'on ne pourrait pas remplacer.

Cette considération seule doit faire accorder le renouvellement du privilège de la Banque. Mais il ne faut pas se dissimuler que les intérêts du commerce et de l'industrie sont sacrifiés, par ce renouvellement, à l'utilité publique, à la nécessité de donner de la force au gouvernement.

XXXIV. LE CRÉDIT DE LA BANQUE EST LIÉ A CELUI DE L'ETAT.

La Banque peut vanter son indépendance et sa liberté; elle peut montrer son capital disponible et regarder son crédit comme entièrement distinct de celui de l'Etat. Il est certain cependant que si les besoins de l'Etat étaient grands, la Banque serait obligée, par son privilège, par son nom et par son crédit élevé, à faire des avances au Trésor. Elle ne pourrait refuser de venir au secours du gouvernement sans forfaire aux engagemens implicites qui résultent de sa constitution, et une administration puissante ne laisserait pas ce refus impuni.

En fait, il est impossible que le crédit public soit complètement distinct du crédit privé. Ils sont liés l'un à

l'autre par une étroite solidarité. Tous les gouvernemens discrédités mettent, à tort ou à raison, les mains
sur les ressources du crédit privé et le ruinent promptement. Les gouvernemens qui jouissent d'un grand crédit respectent seuls celui des particuliers. Ils lui viennent en aide au besoin et ne réclament de sa part qu'une
réciprocité de secours.

Chez nous, le crédit public a été long-temps inférieur
au crédit privé. Le gouvernement était alors forcé d'a-
voir recours aux expédiens, et en définitive aux spolia-
tions. Aujourd'hui on peut considérer le crédit de l'Etat
comme bien établi, quoiqu'il ne soit pas à l'abri de toute
atteinte. Quelques événemens que l'avenir réserve à la
France, il est bon qu'il y ait un intermédiaire entre le
crédit public et le crédit privé, qui puisse transmettre de
l'un à l'autre des secours utiles. La Banque de France
est naturellement destinée à remplir ces fonctions d'intermédiaire, à exercer dans les momens de crise une
action puissante et modératrice, à soutenir le crédit privé
contre les crises commerciales, mais surtout à le pré-
server d'être anéanti par la ruine du crédit public.

XXXV. IMPERFECTION DU CRÉDIT EN FRANCE.

Bien que le crédit ait fait en France, depuis vingt-cinq
ans, des progrès notables, ses bienfaits ne s'étendent encore qu'à une petite étendue de territoire et à un petit
nombre de personnes privilégiées. Il n'est guère connu
que dans les grandes villes et parmi les principales
maisons de commerce. Le reste des producteurs ne l'obtient qu'à un prix exorbitant et avec des difficultés ex-
trêmes. L'agriculture ne peut emprunter des capitaux que
sur hypothèque, et en paie le loyer fort cher; elle ne
fait ses affaires courantes qu'au comptant.

Il serait injuste d'attribuer entièrement ce défaut général de crédit à l'imperfection des établissemens destinés à le propager. Il faut le reconnaître, les relations d'affaires ne sont pas, chez nous, assez sûres ; la mauvaise foi est trop commune dans les transactions : c'est un fait dont les étrangers sont frappés et étonnés, chaque fois qu'ils ont à faire à nos marchands en détail. La réputation de notre commerce extérieur est assez équivoque. La mauvaise foi entretient la défiance, et la défiance, on le sait, est l'ennemie naturelle du crédit.

La prévoyance, l'ordre, l'économie manquent aussi trop souvent à notre commerce, à notre industrie. On commence avec un capital insuffisant ; les besoins du luxe provoquent d'énormes dépenses auxquelles les profits légitimes ne suffisent pas toujours, et il n'est pas rare de voir employer à ces dépenses les capitaux obtenus du crédit.

Ajoutez à cela le goût de l'agiotage, l'impatience de faire fortune à tout prix, par toutes sortes de moyens, et ce préjugé qui fait préférer les emplois et les faveurs dont le gouvernement dispose, les fonctions les moins productives, aux professions bien plus utiles d'agriculteur, de commerçant, d'industrieux.

Les maisons de banque ne sont pas exemptes de blâme. Trop souvent elles se sont engagées dans le jeu ruineux de la Bourse, au lieu de chercher des profits moins rapides, mais plus sûrs et plus honorables en prêtant leur appui au commerce et à l'industrie légitime.

Quant à l'agriculture en particulier, elle souffre de la division permanente des héritages, de l'énormité des impôts qui pèsent sur elle et qui lui enlèvent sans cesse, au profit des villes, ses capitaux disponibles : elle souffre des progrès du luxe, de l'imperfection de la législation hypothécaire et des préjugés qui se joignent à des causes réelles pour éloigner d'elle tout crédit.

Les capitaux disponibles ne manquent point à la France. Ne les avons-nous pas vus affluer et se précipiter aveuglement dans les entreprises les plus téméraires, sous l'influence d'un engouement passager? Ne s'accumulent-ils pas, sous forme de dépôts, dans les caves de la Banque de France? N'abondent-ils pas dans les caisses d'épargnes, et ne vont-ils pas tenter et corrompre la probité des notaires? On ne peut évaluer exactement ceux qui sont mis en réserve et comme enfouis; mais les personnes qui connaissent les habitudes de la population des campagnes les estiment à des sommes énormes.

Si nous ne pouvons espérer de voir s'établir en France un crédit égal à celui dont jouissent les Anglais et les Américains, nous pouvons aspirer du moins à de grands perfectionnemens. Il serait temps de faire cesser ces transports d'argent qui se croisent sur nos routes; il serait temps de faire tomber les barrières qui rendent le commerce aussi difficile entre les diverses parties de la France qu'entre des peuples étrangers; il serait temps enfin d'emprunter une somme considérable de valeurs à la circulation monétaire et de l'appliquer à la production sur toute l'étendue du territoire national.

XXXVI. IMPUISSANCE DES BANQUES ACTUELLES.

Ce n'est point à la Banque de France que l'on peut demander les améliorations dont le crédit est susceptible. Comme instrument de production, elle a dans sa constitution des vices nombreux. Rien ne prouve mieux son impuissance à étendre ses opérations que la quantité de numéraire accumulée dans ses caves et dont elle ne peut trouver l'emploi. Il y a long-temps d'ailleurs que la cir-

culation de ses billets demeure stationnaire malgré tous
les efforts tentés afin de l'augmenter.

Pour que le crédit prenne chez nous l'extension dont
il est susceptible, il est indispensable de mettre des
banques à la portée du producteur et d'approprier leur
régime aux besoins des diverses localités. Vainement on
multiplierait les comptoirs de la Banque de France. Ces
comptoirs, gênés par des statuts qui sont rigoureux,
même à Paris, au centre des affaires, ne font que des
opérations insignifiantes et sont à charge à la Banque,
sans procurer au public aucun avantage sensible. Le résultat le plus certain de leur multiplication serait un
accroissement de l'influence directe de la Banque. Si
les obligations de cet établissement s'étendaient beaucoup, par l'action des comptoirs d'escompte, le capital
qui en répondrait serait peut-être un peu faible, et si on
l'augmentait, la Banque pourrait acquérir une puissance
exorbitante qui deviendrait fatale au gouvernement,
au pays et à elle-même.

On ne peut point non plus attendre de grands services
des dix banques privilégiées qui existent aujourd'hui
dans les départemens. Leur capital est trop faible, et elles
sont liées par leurs statuts, calqués sur ceux de la Banque de France. Or, il est évident que ces statuts, utiles
peut-être au centre d'un grand foyer commercial, comme
Paris ou Londres, exigent trop dans les départemens
où le crédit ne s'accorde qu'à grand'peine et où il se
fait comparativement peu d'affaires. Situées aux places
de commerce les plus importantes, nos banques de département ne peuvent maintenir qu'avec peine une circulation peu considérable, et les facilités qu'elles accordent ne sont utiles au public que de loin et par des
intermédiaires.

Dans les départemens, les affaires de chaque producteur sont beaucoup moins occultes, beaucoup plus faciles à suivre que dans la capitale. Ni les qualités ni les vices ne peuvent long-temps se cacher. Les banques de département peuvent donc, sans courir de risques sérieux, exiger pour leurs escomptes moins de garanties matérielles que la Banque de France.

Mais quelques améliorations de détail que l'on introduise dans le régime intérieur de nos banques actuelles, on ne peut espérer de voir cesser les énormes et périodiques fluctuations du change, ni de voir occuper au papier une large place dans la circulation, tant que ces banques ne s'appliqueront point au service de l'agriculture et du commerce de consommation. La population agricole de la France ne peut guère être évaluée à moins de 28 millions d'âmes (1) : elle couvre presque toute la superficie du territoire : tant que le crédit n'aura pas pénétré jusqu'à elle, on pourra dire qu'il n'est point encore nationalisé.

XXXVII. ON PEUT ÉTABLIR DES BANQUES DESTINÉES A L'AGRICULTURE.

C'est une opinion ancienne en France, et très généralement répandue, que l'agriculture ne peut profiter des avantages du crédit. Cette opinion est fondée sur ces deux faits, que les emprunts de l'agriculture sont ordinairement à long terme, et que les avances à long terme

---

(1) J'ai pris pour base de cette évaluation les résultats du dénombrement général de 1836. La France comptait alors 33,540,910 habitans, dont 4,951,684 appartenaient aux chefs-lieux de département et d'arrondissement. Quelques villes industrieuses ou maritimes ne sont, il est vrai, ni chefs-lieux de département, ni chefs-lieux d'arrondissement; mais, par compensation, les habitans d'un grand nombre de chefs-lieux d'arrondissement sont agriculteurs. *Voy.* la *Statistique générale de la France*, 1837.

peuvent être accordées sans danger par une banque de circulation.

Cependant l'agriculture, surtout lorsqu'elle est bien entendue, peut donner lieu à une multitude d'emprunts à courte échéance. Quelle différence y a-t-il, au point de vue économique, entre un agriculteur et un manufacturier? La terre est l'usine de l'agriculteur; les matières premières qu'il emploie sont des bestiaux, des engrais, des fourrages : il paie le salaire d'un travail dont il vend les produits.

Dans toute exploitation agricole de quelque importance, il y a un mouvement continu de ventes et d'achats. Partout il y a un commerce de consommation plus ou moins actif. L'agriculteur n'achète-t-il pas tous les produits de l'industrie et du commerce, dont il a besoin, avec le prix de ses récoltes?

Il est vrai que le commerce de consommation ne peut donner lieu à du papier de même nature que celui auquel l'on accorde actuellement du crédit en France : il n'a point pour gage une valeur destinée à être promptement reproduite. Mais si l'emprunteur fait ses affaires avec ordre et probité, s'il a une fortune considérable, pourquoi ne ferait-il pas des billets à courte échéance, afin de payer l'impôt, ou les objets de sa consommation, et qu'il paierait sur le prix de sa récolte? Pourquoi une banque lui refuserait-elle du crédit, sous prétexte que le papier qu'il présenterait ne serait pas revêtu de signatures nombreuses? Il est toujours facile de connaître l'état de ses affaires et ses habitudes. Or, les garanties qui résultent de cette connaissance valent assurément celles que le commerce et l'industrie présentent au sein de l'agitation des grandes villes.

Dès aujourd'hui, du reste, l'agriculteur achète à crédit les objets qu'il consomme, et vend à crédit quelques uns de ses produits. Les transactions de ce genre se font sur parole ; elles ne causent guère d'engagemens à échéance déterminée. Les prêts de cette espèce sont les plus onéreux de tous : l'intérêt que paie le consommateur se confond avec le prix de la marchandise, et il est ordinairement fort élevé. Si l'agriculteur souscrivait des effets au marchand en détail, et savait s'habituer à les payer exactement, ce marchand les mettrait en circulation, et par ce moyen réduirait ses prix. La vente des produits agricoles pourrait, d'autre part, donner lieu à la création d'effets que l'agriculteur escompterait.

Il faut convenir que les habitudes actuelles de la population agricole, en France, repoussent le crédit. Les effets de commerce sont suspects à l'agriculteur ; il nourrit contre eux un vieux préjugé. Tel aimera mieux emprunter à 25 et à 30 p. o/o que de souscrire un effet à échéance déterminée emportant la contrainte par corps. L'agriculteur économe garde chez lui le prix de sa dernière récolte, et paie au comptant sa consommation de l'année. Il conserve ainsi une somme considérable qui ne lui produit aucun intérêt, et ne sert point à la production. L'agriculteur moins prudent anticipe, au moyen d'emprunts usuraires, sur le produit de sa récolte, il diminue ou engage ses instrumens de travail, ses bestiaux, ses terres.

XXXVIII. MOYENS DE CONSTITUER DES BANQUES AGRICOLES.

Les opérations de l'agriculture peuvent alimenter un crédit de circulation. Le raisonnement le prouve, et l'existence des Banques écossaises et américaines ne permet aucun doute à cet égard.

En France, des établissemens de ce genre rencontreraient d'immenses obstacles dans les habitudes, dans les préjugés, dans l'ignorance de la population agricole. Si l'on s'obstinait à donner à des banques destinées à l'agriculture et au commerce de consommation la constitution de la Banque de France, il est évident qu'elles ne sauraient subsister : mais on pourrait leur permettre, sans inconvénient, d'adopter des statuts plus libéraux : les besoins de l'Etat ne sauraient justifier pour elles un privilège semblable à celui de la Banque de France, et elles auraient besoin de toutes les ressources de la liberté.

Ces banques escompteraient des effets à une seule signature ; elles recevraient de petites sommes en dépôt en compte courant, et en paieraient l'intérêt ; elles ouvriraient des crédits à découvert et émettraient des billets de petite coupure, de 50 fr. par exemple ; elles feraient des prêts à long terme qui serviraient de base à une circulation particulière.

Afin d'établir solidement leur crédit, elles ne se constitueraient qu'avec un fort capital ; chercheraient à prendre racine dans les localités en se liant à la propriété foncière, en intéressant à leur succès les principaux propriétaires. Une surveillance active, une grande publicité, étendraient leur influence et détruiraient les craintes chimériques. Les services de quelques années suffiraient pour rendre leur crédit populaire et inébranlable.

Ces banques auraient peut-être dans les premiers temps quelque peine à utiliser leur capital. Mais il ne faut pas perdre de vue que, si le crédit nait des affaires, quelquefois aussi les affaires naissent du crédit. On a vu les banques écossaises faire des sacrifices pour maintenir des succursales dans des localités désertes où le mouvement des transactions ne suffisait pas à l'emploi de leurs fonds. Plus tard le crédit imprimait à la production assez d'activité pour récompenser par des profits les premiers sacrifices.

XXXIX. INCONVÉNIENS ET AVANTAGES DU CRÉDIT.

Pourquoi, disent chaque jour beaucoup de personnes prudentes, pourquoi s'efforcerait-on d'étendre le crédit privé? Les avantages qu'il offre à la production, en temps de prospérité, sont évidens, incontestables; mais à quoi sert d'en avoir joui, si des crises commerciales à peu près périodiques viennent renverser les fortunes élevées par le crédit et détruire les capitaux que le crédit a permis de créer? Pourquoi exciter l'agiotage et les spéculations téméraires?

Ces craintes sont raisonnables assurément, et elles ont accès dans les meilleurs esprits. Toutefois en examinant attentivement les inconvéniens et les avantages du crédit, il est facile de se convaincre qu'elles sont exagérées.

L'action bienfaisante du crédit s'exerce d'une manière permanente : les crises commerciales au contraire ont peu de durée. Les pertes qu'elles occasionnent sont loin d'égaler les profits qui résultent pour une nation d'un crédit largement établi et constitué. On a fait à ce sujet plusieurs calculs, dont nous ne citerons qu'un seul. En comparant les capitaux employés sous la forme de numéraire aux produits annuels du travail, on a estimé que la valeur de la monnaie métallique équivalait, en France, au produit de 129 journées de travail; en Angleterre, au produit de 40 jours; aux États-Unis, au produit de 7 jours, et dans la Nouvelle-Angleterre, considérée isolément, au produit de 5 jours 1/2 (1). Nous croyons volontiers que cette évaluation est exagérée en ce qui con-

(1) Carey, *Credit system.*

cerne la France; mais, même en la réduisant de moitié,
on trouve une économie égale à la valeur du produit de
cinquante-neuf jours de travail réalisée, par les habitans de la Nouvelle-Angleterre sur une seule des fonctions
du crédit. Croit-on que jamais crise commerciale ait
détruit une somme de capitaux égale à l'intérêt d'un capital représentant 59 jours de travail du peuple qu'elle
frappait.

D'ailleurs l'économie réalisée sur les frais de la circulation monétaire est le moindre bienfait du crédit. Qui
pourrait apprécier son influence sur l'activité de la production, sur la distribution de la richesse? Quelle loi
pourrait, aussi efficacement que le crédit, élever le prix
du travail, ouvrir la carrière de la fortune à la pauvre-
té probe et laborieuse? Quelle loi somptuaire contien-
drait plus sûrement le luxe dans ses justes limites?

On ne peut point accuser le crédit de provoquer l'agiotage, car il règne peut-être plus absolument chez nous
que chez les peuples qui jouissent d'un crédit étendu.
C'est au contraire à l'absence ou à la mauvaise organisation du crédit que l'on doit attribuer l'imprudence
avec laquelle les capitaux se sont engagés, il y a quelques années, dans certaines entreprises industrielles.
Les capitalistes cherchent toujours à placer leurs fonds;
si un crédit bien constitué ne leur offre pas sans cesse
des placemens réguliers, ils les cacheront habituellement:
quelquefois victimes d'un engouement aveugle, ils les
livreront à des spéculateurs étrangers au commerce et
à l'industrie, qui ne cherchent qu'à abuser de la confiance
d'autrui.

La France d'ailleurs est pour long-temps à l'abri des
commotions qui frappent parfois l'Angleterre et les
Etats-Unis. Son commerce extérieur est peu étendu :
elle n'est point habituée à faire, sous quelque forme que

ce soit, des placemens considérables à l'étranger ; en temps de guerre, elle ne paie point de subsides, en temps de paix, elle ne souscrit guère aux emprunts ; les améliorations que son sol et son industrie réclament suffiront long-temps à l'emploi de ses capitaux. Elle possède le plus beau système monétaire qu'il y ait au monde : les variations du prix de l'or ne la touchent point. Enfin, sous tous les rapports, sa situation est telle qu'elle peut profiter du crédit, presque sans être exposée à souffrir de ses excès.

XL. A QUI L'ORGANISATION DU CRÉDIT DOIT ÊTRE CONFIÉE.

La France est donc intéressée à déveloper le crédit privé et à l'établir sur de larges bases. Mais à qui ce soin doit-il être commis? Au gouvernement, à la Banque de France, ou aux efforts de la liberté.

Il est difficile de bien gouverner et d'exercer en même temps avec succès des fonctions industrielles et commerciales. C'est un fait assez connu pour qu'il soit inutile d'en expliquer ici les causes. Peu de personnes assurément songent à instituer le gouvernement agriculteur ou fabricant : pourquoi serait-il institué banquier? Parce qu'il a besoin de crédit? Mais il a besoin de blés et il n'est pas agriculteur. D'ailleurs le bas prix auquel il obtient du crédit dépend moins des banquiers que de l'abondance des capitaux disponibles, des richesses mobilières. L'organisation du crédit la plus favorable à la production, est sans contredit la plus favorable à l'abaissement de l'intérêt, pour l'Etat comme pour les particuliers. Or, il n'est guère probable que l'Etat, banquier, ouvre à la production une carrière plus vaste, que des banques de constitutions diverses et appropriées aux localités, stimulées par la puissante influence de l'intérêt privé. L'unité de direction, si importante et si précieuse en matière politique, serait certainement nuisible au crédit.

Il y aurait en outre un grave inconvénient politique à livrer au gouvernement le monopole du crédit. Sous un régime représentatif, les attributions trop multipliées corrompent le pouvoir ; sous tous les régimes, elles l'énervent.

La Banque de France n'est pas moins impropre à étendre et à régler, par son action directe, le crédit privé. Entre ses mains, le monopole serait plus dangereux qu'entre les mains du gouvernement, et il n'exercerait pas sur la production une influence moins funeste.

Les pays où le crédit est le plus étendu et le plus moral, sont ceux où il est le plus libre. Toutefois il serait peut-être imprudent de livrer à une liberté absolue le soin d'établir les banques nécessaires. L'opinion et la raison exigent également que le Pouvoir exerce sur tous les établissemens de crédit un droit de surveillance et de répression très étendu. Mais qu'il se hâte d'user libéralement de la faculté d'autoriser ou d'empêcher la fondation des banques. La liberté la plus complète serait moins nuisible aux progrès du crédit que les restrictions excessives qui existent aujourd'hui.

XLI. LOIS NATURELLES DE LA CIRCULATION EN FRANCE.

Dans tout projet d'organisation du crédit, il est important de tenir compte du mouvement ordinaire de la circulation des capitaux et du numéraire.

Il n'est peut-être aucun pays où ce mouvement soit plus régulier et plus uniforme qu'en France. Les capitaux affluent sans cesse vers les villes, sous l'influence de plusieurs causes permanentes qu'il n'est pas inutile d'indiquer.

1º. Les personnes les plus riches, même en propriétés foncières, viennent habiter les villes et y consommer ou y placer les capitaux mobiles qu'elles retirent de leurs revenus;

2º. La partie la plus considérable des revenus publics se consomme dans les villes. C'est là que résident les fonctionnaires les plus fortement rétribués; c'est là aussi que les habitans des campagnes viennent faire beaucoup de dépenses improductives soit en payant des frais de justice, soit en usant des plaisirs de toute sorte que leur offrent les villes;

3º. La balance du commerce entre les villes et les campagnes, est presque toujours contre ces dernières. Non seulement l'assiette actuelle de l'impôt en fait porter presque tout le fardeau à la population agricole, mais l'industrie des villes lève sur ses besoins réels ou de luxe un tribut considérable.

Aussi est-ce un fait évident aujourd'hui que les campagnes s'appauvrissent, en France, au profit des villes. S'il fallait en donner une preuve matérielle, il suffirait de citer l'énorme chiffre (1) des dettes hypothécaires dont la propriété foncière est grevée, et de rappeler combien est élevé le taux de l'intérêt de cette dette (2). Il est impossible de soutenir que les capitaux ainsi empruntés ont été employés à l'amélioration de la terre hypothéquée. Les personnes qui connaissent, même superficiellement, l'état dans lequel est l'industrie agricole en France, n'ignorent pas qu'il est impossible de payer avec les revenus de la terre l'intérêt des fonds empruntés, et à

(1). 11,233,265,778 fr.

(2). *V.* l'*Examen des revenus publics* par M. le marquis d'Audiffret.

plus forte raison de rembourser le capital : elles n'i-
gnorent pas que l'agriculteur n'emprunte qu'après avoir
consommé la valeur de ses instrumens de travail les plus
actifs, après avoir diminué le nombre et la force de ses
bestiaux et par conséquent sacrifié ses engrais; qu'il
court ainsi à une ruine certaine, inévitable et qu'il est
enfin dépossédé par le capitaliste des villes.

La circulation du numéraire ne suit pas les mêmes
lois que la circulation des capitaux. La plupart des produits agricoles se vendent par grosses parties. A l'époque
où les villes s'approvisionnent, le numéraire va dans
les campagnes. Il revient ensuite dans les villes peu à
peu, pendant toute l'année, par l'effet des paiemens dont
la nature vient d'être indiquée. ·

Cette action absorbante des villes n'est pas toujours
en rapport avec leur population, ni même avec leur
puissance industrielle. Elle résulte de plusieurs causes
combinées dont il serait difficile de déduire la loi générale. Paris attire les capitaux de tout le royaume. C'est
à Paris qu'habitent les personnes les plus riches; c'est
à Paris que vient se centraliser une grande partie du
revenu public. Paris est en même temps un vaste foyer
d'industrie, le centre d'une consommation énorme et
l'entrepôt de toutes les grandes affaires qui se font en
France. C'est dans cette ville que sont effectués la plupart
des paiemens d'un département sur un autre; c'est par
elle que les diverses parties de la France communiquent
les unes avec les autres. Aussi Paris est le principal
réservoir de numéraire et de capitaux disponibles qu'il
y ait en France. Toute augmentation d'affaires dans le
royaume aboutit en définitive, à Paris, y fait affluer le
numéraire et y augmente la somme des capitaux disponibles.

XLII. PRINCIPES D'UNE BONNE ORGANISATION DE CRÉDIT PRIVÉ.

Favoriser les développemens du crédit, exciter la production, faciliter les affaires dans les départemens, c'est donc enrichir Paris, parce que Paris participe à la prospérité de chaque partie du territoire national. Mais étendre le crédit à Paris, augmenter directement les affaires qui s'y font, sans changer l'état du crédit et de la production dans les départemens, ce serait pousser les capitaux français à émigrer, à s'engager dans des entreprises ou dans des emprunts étrangers, pendant que la disette de ces capitaux se ferait sentir dans l'intérieur de la France. Dans ce cas, les départemens ne participeraient point à la prospérité de Paris, et la nation perdrait de précieux agens de production.

Une bonne organisation du crédit privé doit exercer une double influence : 1º elle doit conserver à Paris et dans les principales villes de France les principaux réservoirs de numéraire et de capitaux, en les mettant à l'abri de toute chance de crise ; 2º elle doit abaisser le taux de l'intérêt dans les campagnes et cependant y attirer les capitaux en leur offrant des facilités nouvelles de placement, en aidant, en stimulant la production. Une telle organisation aurait pour résultat, 1º d'égaliser les avantages du crédit dans les diverses parties du territoire ; 2º d'augmenter en même temps la force productive et la force politique de la France.

XLIII. DE LA RÉFORME DE LA BANQUE DE FRANCE.

Si la Banque de France n'était qu'un simple établissement de crédit privé, que la Caisse d'escompte du commerce parisien, il n'y aurait que deux manières de la réformer : on devrait ou lui retirer son privilège, ou lui faire une loi de réduire le taux de ses escomptes à 2 ou même à 1 p. o/o. par an.

Cette innovation a été proposée : on a aussi demandé que la Banque fût autorisée à accepter des effets à six mois et à deux signatures.

On pourrait encore, et ce serait le plus sûr moyen de la forcer à étendre ses opérations, l'obliger à payer l'intérêt des sommes déposées dans ses caisses. Cette dernière mesure serait facile à justifier : puisque le privilège empêche les capitalistes de prêter leurs fonds au commerce en créant d'autres banques, il serait juste que l'établissement en faveur duquel le privilège est établi leur donnât un intérêt à titre d'indemnité?

Mais toutes ces modifications seraient ou inutiles ou dangereuses. A quoi bon autoriser la Banque à être plus libérale dans ses escomptes qu'elle ne veut l'être? D'autre part ne serait-il pas imprudent d'exposer son crédit en la forçant à abaisser violemment le taux de l'intérêt, sur la place de Paris, tandis que les départemens manquent de capitaux et que l'émigration de ceux que possède la capitale, est provoquée par tous les efforts de l'agiotage à chaque nouvelle secousse qu'éprouve le crédit de nos voisins ?

Sur une place comme Paris, le crédit privé peut facilement se suffire à lui-même, surtout si les affaires se multiplient dans les départemens. La Banque de France doit être avant tout, comme son nom l'indique, un instrument puissant de crédit public et national ; elle doit être en outre pour toute la France, un réservoir intarissable de numéraire et de crédit, destiné surtout aux temps difficiles et une fabrique non suspecte de papier-monnaie. Il est donc important que la Banque ne se compromette pas trop dans les mouvemens incertains des affaires industrielles; qu'elle conserve toujours des capitaux disponibles; qu'elle maintienne son crédit au-dessus de toute atteinte, de tout soupçon. A ce point de vue, sa constitution actuelle est excellente.

C'est dans les rapports de cet établissement avec l'Etat qu'il serait utile d'introduire quelques modifications.

La principale destination de la Banque est de faciliter les opérations financières du gouvernement. Il ne convient pas qu'elle devienne trop puissante ou trop indépendante. Trop puissante, elle pourrait s'allier à une faction et devenir la rivale du pouvoir constitué : trop indépendante, elle pourrait lui refuser son concours ou abuser du monopole, agiter et troubler le crédit commercial pour grossir le chiffre de ses bénéfices.

La Banque deviendrait trop puissante, si on la laissait établir dans les départemens de nombreux comptoirs d'escompte et s'emparer du crédit sur un grand nombre de places de commerce. Elle pourrait devenir redoutable au gouvernement, comme la Banque des Etats-Unis : elle pourrait devenir la rivale et le fléau des banques départementales, dont elle doit être l'appui, comme la Banque d'Angleterre. Il serait donc sage de supprimer les comptoirs de la Banque, ou du moins de lui interdire d'en fonder de nouveaux. Cette mesure ne nuirait guère aux intérêts actuels de ses actionnaires; car les comptoirs ne produisent jusqu'à présent qu'un bénéfice minime, et peuvent, dans des circonstances données, susciter à la Banque de graves embarras.

Il semble que le gouvernement possède toutes les garanties nécessaires contre les excès d'indépendance de la part de la Banque. Quoi de plus ample en apparence que les attributions du gouverneur et des sous-gouverneurs? Examinez attentivement à quoi ces attributions se réduisent, vous trouverez qu'elles sont purement négatives, que si le gouverneur a le pouvoir d'empêcher, il n'a pas celui d'ordonner.

Il serait au moins inutile d'étendre ces attributions, d'augmenter l'influence directe et pour ainsi dire personnelle du gouvernement sur la Banque. Mais afin qu'elle n'oubliât jamais ce qu'elle doit à l'Etat; afin de la maintenir dans la ligne de ses devoirs, il conviendrait de ne lui accorder que pour un temps assez court, pour dix ans, par exemple, le renouvellement de son privilége.

La concession d'un long privilége présenterait d'ailleurs l'inconvénient d'enchaîner en quelque sorte l'avenir, de mettre un obstacle aux perfectionnemens que l'expérience peut réclamer. On ne doit pas perdre de vue qu'en matière de crédit, la France est fort peu avancée et qu'il est raisonnable d'attendre du temps des enseignemens précieux.

Les bénéfices que le monopole de la Banque lui assure sont exagérés. Il est scandaleux qu'elle distribue à ses actionnaires des dividendes de 12 et de 14 p. o/o., pendant que l'on discute la réduction de la rente 5 p. o/o.; pendant que le taux moyen de l'intérêt ne s'élève pas au-dessus de 4 et 1/2 p. o/o. Le privilége de la Banque est une concession qui coûte fort cher au public; il est juste que l'Etat soit admis à participer aux bénéfices qui en résultent. On devrait obliger la Banque à rendre gratuitement divers services au Trésor, et, par exemple, à payer les arrérages de la dette inscrite, à effectuer le transport des fonds qui sont envoyés des chefs-lieux des départemens à Paris pour le compte de l'Etat. On pourrait encore lui confier les fonds de la Caisse d'épargne de Paris, à la charge d'en servir l'intérêt au même taux et de la même manière que l'Etat.

Afin de compenser en partie les sacrifices que ces charges imposeraient à la Banque, la loi donnerait à ses billets le caractère de monnaie légale. Tout débiteur, excepté la Banque elle-même, serait libéré par un paiement effectué avec ces billets qui continueraient à être échangeables contre du numéraire, à bureau ouvert.

Cette disposition n'aurait d'autre inconvénient que de faire supporter aux créanciers, dans les départemens, les frais du change sur Paris. Mais cet inconvénient serait minime ou nul, parce que le change est à peu près constamment en faveur de Paris. Quant aux avantages, ils sont évidens : la création d'un papier-monnaie permettrait d'effectuer à peu de frais des transports de capitaux qui coûtent très cher aujourd'hui : elle habituerait les peuples à l'usage de la monnaie de crédit. Ce serait une innovation qui, aujourd'hui, en temps de paix, surmonterait aisément l'obstacle des vieux préjugés, et qui, dans les temps difficiles, offrirait à l'Etat et à la production des ressources inappréciables.

Si la Banque refusait d'accéder à ces conditions, le gouvernement pourrait, dans les circonstances actuelles, lui retirer son privilège et la remplacer sans difficulté.

XLIV. ORGANISATION DES BANQUES DÉPARTEMENTALES.

Les banques départementales qui existent aujourd'hui possèdent chacune un privilège et des droits acquis que le législateur devra long-temps respecter. Il est probable, toutefois, qu'elles se laisseraient volontiers débarasser des restrictions excessives que leur imposent leurs statuts.

Du reste, la rigueur de ces statuts est utile dans les villes où il se fait beaucoup d'affaires, et où le capital des banques est faible.

On ne saurait justifier par de bonnes raisons le régime du privilège pour les banques de département, surtout pour celles qui voudraient s'établir loin des grandes voies du commerce et de l'industrie. Mais nous vivons dans un pays où la liberté est suspecte, surtout en matière de crédit : n'espérons donc point de voir reconnaître à tout citoyen le droit de fonder une banque de circulation, à la charge de remplir certaines conditions générales et déterminées à l'avance par la loi.

Il est à désirer du moins que le droit d'autoriser la création de nouvelles banques soit attribué au pouvoir législatif. Ce pouvoir ne saurait conserver long-temps une tradition invariable et obstinée, hostile à tout progrès. D'ailleurs, chaque demande d'autorisation donnerait lieu à des discussions auxquelles le public assisterait, et qui, seules, seraient fort utiles.

Les banques auxquelles le gouvernement accorderait le privilège de s'établir dans les chefs-lieux de département devraient être chargées de remplacer les receveurs particuliers des finances, de centraliser, à leurs frais, les fonds que les arrondissemens envoient pour le compte de l'Etat. Ce service gratuit serait considéré comme le prix du privilège. Il va sans dire que la faculté de placer des comptoirs dans les chefs-lieux d'arrondissement serait souvent accordée à ces banques. Elles remplaceraient aussi les receveurs-généraux, et ce serait par leur intermédiaire que les fonds du Trésor seraient dirigés sur Paris, à la Banque de France.

Ces banques devraient être autorisées à faire des prêts sur hypothèque. Les contrats auxquels ces prêts donneraient lieu emporteraient exécution parée, en attendant la réforme de la législation hypothécaire. Chaque prêt de ce genre servirait de base à un billet d'une valeur égale à celle de la somme prêtée, et payable à la même échéance : ce billet indiquerait la date du contrat, l'immeuble sur lequel l'hypothèque est inscrite, le bureau où l'inscription a eu lieu : il porterait intérêt et serait transmissible par endossement. Si la Banque n'en payait pas, à l'échéance, le capital et les intérêts, le propriétaire serait subrogé de droit à la créance hypothécaire que son billet représente (1). Ce papier supporterait un droit de timbre spécial, et les transmissions dont il serait l'objet ne donneraient ouverture à aucun droit d'enregistrement.

Ainsi se trouverait résolu, sans aucun inconvénient, le problême de la mobilisation du crédit hypothécaire. Ainsi serait mis en circulation un papier également propre aux longs et aux courts placemens, dont la valeur, garantie par celle de la propriété foncière, traverserait toutes les crises. Sa création aurait pour résultat certain la réduction du taux de l'intérêt de la dette hypothécaire : elle ouvrirait une carrière nouvelle à la propriété foncière dont les emprunts seraient un moyen d'amélioration et non plus une aliénation anticipée.

Craindrait-on que ce papier ne fît concurrence aux

(1) *Voy.* sur les perfectionnemens dont le crédit foncier est susceptible, deux brochures intéressantes : l'une de M. Petit, l'autre de M. Dumons. M. Petit voudrait que l'Etat devint le banquier des propriétaires. M. Dumons demande la création, sous le patronage du gouvernement, d'une banque foncière unique pour toute la France. Cette banque cautionnerait et mettrait en circulation, sous forme de billets, la dette hypothécaire. J'ai déjà indiqué le danger qu'il y aurait à faire le gouvernement banquier, comme le propose M. Petit. Le vice principal du plan de M. Dumons, serait d'isoler le crédit hypothécaire du crédit commercial. A Paris et dans les grandes villes, il n'y a point d'inconvénient à séparer ces deux branches de crédit. Mais dans les départemens agricoles, il serait presque impossible d'alimenter des banques seulement avec le papier qui résulterait d'opérations industrielles et commerciales. Le plan de M. Dumons empêcherait, s'il était adopté, la création de ces banques, et priverait ainsi la population agricole des bienfaits du crédit personnel. Je ne dis rien du danger politique de confier à un seul établissement l'administration d'un capital de 11 milliards !

titres de la dette de l'Etat? Mais l'agriculture n'est-elle pas la source la plus féconde et la plus sûre des revenus publics. Perfectionner le crédit des agriculteurs, c'est améliorer la condition des cinq sixièmes de la population, et par suite augmenter le produit des impôts indirects; c'est ajouter à la valeur du sol national en multipliant ses productions; c'est créer une masse considérable de capitaux disponibles, dont la présence sur le marché abaisse le taux de l'intérêt, pour l'Etat comme pour les particuliers. Il est facile de comprendre quelles ressources l'existence de ce papier offrirait à la nation, au besoin, dans les temps difficiles.

Que l'idée de mobiliser la dette hypothécaire n'effraie pas les personnes que tout projet inexécuté trouve incrédules, auprès desquelles il faut toujours invoquer l'autorité de l'exemple. La transformation du contrat hypothécaire en papier facilement transmissible a été déjà tentée et avec succès. Dans le Mecklembourg, une association de propriétaires *(Credit Verein)* échange les fonds que lui confient les capitalistes contre des billets à échéance fixe et transférables, portant intérêt à 4 p. o/o. Ces fonds sont prêtés à 4 1/2 p. o/o, sur hypothèque, aux membres de l'association, jusqu'à concurrence de la moitié de la valeur estimative de leurs propriétés. Tous les membres de l'association sont solidairement responsables du paiement des billets, et en 1826, il n'y en avait eu aucun d'exproprié. La bonification de 1/2 p. o/o suffisait aux frais d'administration de la banque hypothécaire et à la création d'une réserve (1).

Si la mobilisation de la dette hypothécaire a eu pour résultat un tel abaissement de l'intérêt, dans le Mecklembourg, pays privé de capitaux disponibles, d'industrie,

(1) Jacob's *Tracts relating to the corn trade and corn laws.*

de voies de communication, que n'en devrait-on pas espérer pour la France?

L'administration de cette dette, par des établissemens qui exploiteraient toutes les branches du crédit, serait assurément moins coûteuse que celle de l'association mecklembourgeoise. Supposons, toutefois, que l'intérêt de la dette hypothécaire ne serait réduit qu'à 4 1/2. En 1839, cet intérêt, évalué à 5 p. o/o, représentait 561,663,288 fr. Une réduction de 1/2 p. o/o vaudrait donc annuellement à la propriété foncière 56,166,328 fr., et une somme égale serait gagnée annuellement par les banques qui porteraient dans les campagnes le crédit personnel.

La mobilisation de la dette hypothécaire ainsi effectuée, serait, sans contredit, le meilleur moyen de prévenir le retour des scandales qui ont donné lieu à un projet de réforme du notariat.

Les banques départementales ouvriraient des comptes-courans sur hypothèque.

Dans les départemens agricoles, elles prêteraient sur gages et paieraient l'intérêt des petites sommes qui leur seraient confiées en dépôt. Elles tiendraient lieu de Caisses d'épargnes et de Monts-de-piété.

Les prêts sur gages serviraient de base à une circulation de billets à terme. Les porteurs de ces billets auraient un privilège sur la vente des gages. Les effets de commerce proprement dits alimenteraient seuls la circulation des billets à vue et au porteur.

Ainsi, dans les campagnes, ces banques exploiteraient toutes les branches de crédit, comme un seul marchand y exploite à la fois plusieurs branches de commerce, parce que l'exploitation d'une seule ne suffirait pas à l'emploi de ses capitaux et de ses facultés; ne lui rapporterait pas un salaire et des profits suffisans. Ce n'est que dans les lieux où la production est fort active, que les fonctions des travailleurs se divisent : ce n'est que là, où il y a beaucoup d'affaires, que chaque genre d'exploitation peut devenir l'objet d'une industrie spéciale.

XLV. DES GARANTIES A EXIGER DES BANQUES.

Un bon et complet système d'établissemens de crédit suppose toujours une large mesure de liberté ; mais plus les banques seront libres, plus il sera nécessaire de leur imposer une surveillance active et sévère.

Le crédit nait de l'opinion publique : l'opinion publique doit être son critique, son juge. Pour l'éclairer, il faudrait obliger toutes les banques à publier fréquemment un état de leur situation. Cette obligation serait toujours présente à l'esprit des administrateurs et les rendrait prudens. L'opinion publique s'habituerait à connaître, à apprécier l'importance des établissemens de crédit : les critiques, les discussions l'instruiraient promptement, l'aguériraient contre les terreurs paniques et par conséquent fortifieraient le crédit.

Une banque mal constituée ne soutiendrait pas le contrôle rigoureux de la publicité. Une banque bien établie et bien administrée gagnerait à être connue. Dans tous les cas, les opérations de chaque banque seraient dirigées et mesurées par l'opinion. Or, c'est sur l'opinion que tout établissement de crédit doit se régler.

Hâtons-nous de reconnaître que cette publicité est tout-à-fait contraire aux idées reçues en matière de banque et de crédit. Nos banquiers, nos banques semblent se cacher : ils s'enveloppent de secret, de mystère, comme s'ils faisaient des opérations illicites, un commerce frauduleux. Aussi la masse de la population les voit d'assez mauvais œil, sans avoir aucune idée exacte de ce qu'ils font. Elle les suppose fort riches parce qu'ils possèdent toujours beaucoup d'espèces; mais elle ne croit pas à la légitimité de leurs richesses. Combien de personnes croiraient à la solvabilité d'une banque ou d'un banquier, si elles ne pensaient qu'ils sont en mesure à *toute heure* de payer tout ce qu'ils doivent, de liquider? Très peu assurément. Le plus grand nombre estime, comme Dupont de Nemours, qu'une banque est une invention, au moyen de laquelle on semble payer quoiqu'on ne paie pas réellement.

De là des alternatives de confiance et de méfiance, des mouvemens aveugles de l'opinion, obstacles invincibles au développement du crédit. Il est temps de dissiper ces préjugés funestes.

La Banque de France pouvait sans danger prendre l'initiative et donner de la publicité à ses états de situation. Son crédit n'en pouvait souffrir aucune atteinte, et peut-être y aurait-il gagné en solidité. Qui croirait que cet établissement ne publie pas même annuellement l'état de sa situation? Cependant au milieu des chiffres entassés dans les rapports présentés chaque année à l'assemblée générale, on chercherait vainement dans quelle proportion étaient les dépôts, le numéraire en caisse, le portefeuille et la circulation de la Banque, à une époque donnée. On n'y trouve que le maximum et le minimum de chaque branche d'opérations et des moyennes assez insignifiantes.

Espérons que le législateur qui va renouveler le privilège de la Banque de France lui imposera cette condition à laquelle s'est soumise sans difficulté la Banque d'Angleterre.

Les immenses garanties que procure la publicité ne seraient pas suffisantes pour prévenir les imprudences et réprimer les excès. Il faudrait réserver au gouvernement le droit de faire examiner, en tout temps, et par les inspecteurs qu'il lui conviendrait de nommer, la situation de toutes les banques du royaume. Toutes les caisses, tous les registres de ces établissemens s'ouvriraient devant ces inspecteurs qui adresseraient au gouvernement des rapports, comme font aujourd'hui les inspecteurs des finances. Le gouvernement aurait le droit de publier ces rapports, en entier ou par extrait, de censurer, dans le *Moniteur*, les banques dont les opérations seraient jugées imprudentes ou contraires au bien public, et de supprimer celles qui auraient fait de fausses déclarations aux inspecteurs ou au public.

Ainsi, toutes les banques du royaume seraient soumises à la double surveillance du public et de l'administration. Entièrement libres dans leurs opérations, elles ne pourraient impunément en imposer au public, ou devenir hostiles au pouvoir exécutif.

Il serait utile, en outre, d'intéresser directement toutes les banques du royaume à la prospérité du crédit public. Pour cela, il suffirait de remettre en vigueur une disposition des lois constitutives de la Banque de France.

Par cette disposition, la Banque était obligée de placer sa réserve en rentes 5 p. o/o, qui ne pouvaient être aliénées qu'avec la permission du gouvernement. La loi de germinal affectait à la réserve toute la portion des bénéfices qui restait après le prélèvement du dividende annuel de 6 p. o/o, attribué aux actionnaires. La loi du 22 avril 1806 avait réduit la réserve au tiers seulement de l'excédent des bénéfices sur le dividende.

Les fonds ainsi accumulés, sous forme de réserve, furent imprudemment distribués aux actionnaires en exécution de la loi du 4 juillet 1820, dont M. Laffitte fut le promoteur. Une seconde distribution eut lieu en vertu de la loi du 6 décembre 1831 ; enfin, par la loi du 17 mai

1834, la sage disposition des lois constitutives de la Banque fut abrogée, et la réserve limitée à 500,000 fr. de rente. On allégua, pour justifier cette abrogation, l'injustice des distributions irrégulières de la réserve : mais quel motif pouvait justifier ces distributions elles-mêmes?

Ne valait-il pas mieux que le prix des actions s'élevât graduellement par une augmentation lente, mais régulière du capital, que de l'exposer aux variations incertaines des bénéfices annuels? Convenait-il de livrer à l'agiotage les actions de la Banque, de faire vendre plus de 3,000 fr. un titre qui représente un capital d'environ 1,200 fr.? Supposez que le gouvernement juge le privilège de la Banque inutile ou nuisible, et refuse de le renouveler : imaginez quel concert de plaintes et de malédictions sortirait de la bouche des actionnaires, combien il serait question d'indemnité et de droits acquis! Rien n'est redoutable, pour les finances d'un Etat, comme ces droits acquis.

La disposition prévoyante des lois de germinal an XI et de 1806, intéressait directement la Banque à la prospérité du crédit public ; elle ajoutait au capital indépendant et disponible une forte réserve à la disposition du gouvernement, et qui était, pour ainsi dire, le cautionnement de la Banque ; elle créait une sorte d'amortissement dont l'action lente, mais continue, devait finir par exercer, sur le prix de la rente, une salutaire influence.

Pourquoi n'imposerait-on pas à toutes les banques qui solliciteraient un privilège, l'obligation de colloquer en rentes inaliénables, de la plus haute dénomination, la moitié de leurs bénéfices, après prélèvement du dividende annuel de 6 p. o/o? Cette réserve serait leur cautionnement ; elle garantirait le Trésor contre les pertes que ces établissemens pourraient lui faire éprouver en transportant les deniers publics; elle fortifierait leur crédit et le lierait au crédit public, sans altérer l'indépendance de leurs opérations.

XLVI. CONCLUSION.

Le crédit est un des élémens de production les plus énergiques. Son existence dans une société atteste une civilisation solide, parce qu'elle prouve la confiance de l'homme en son semblable, une estime réciproque nécessairement fondée sur ses qualités recommandables et en même temps la sécurité politique.

Le crédit corrige sans cesse les abus qui résultent de l'inégalité des fortunes. Il donne à toutes les capacités le moyen de se faire jour, de conquérir une situation honorée dans la société. Il enrichit le pauvre, sans appauvrir le riche, et sa bienfaisante influence tend sans cesse à l'établissement et au maintien de l'égalité sociale.

Aux Etats-Unis, et particulièrement dans la Nouvelle-Angleterre, le crédit a pris une extension inconnue au reste du monde. Il y est tout entier consacré à la production. La concurrence, résultat naturel de la liberté, a eu pour effet de forcer les banques à se munir d'un fort capital, à réduire leur circulation de billets, à se montrer libérales dans leurs avances. En aucun pays, le service de la circulation monétaire ne coûte moins cher; en aucun pays, le crédit n'est aussi facilement accordé aux qualités personnelles.

Les banques écossaises sont d'excellentes banques provinciales, dignes des plus sérieuses études. Elles ont trouvé le moyen de mettre leur crédit au-dessus des crises, et malgré les reproches que l'on peut leur adresser, elles n'ont pas peu contribué à faire d'un pays stérile, un des plus industrieux, un des mieux cultivés, un des plus riches de l'Europe.

Dans les comtés de l'Angleterre, en Irlande, l'organisation du crédit est irrégulière, et ouvre à la fraude une vaste carrière. Cependant il est des localités où le crédit personnel fleurit, et partout l'usage en est général.

La Banque d'Angleterre est le point d'appui sur lequel repose ce vaste levier de crédit public qui, au prix de 24 milliards, a renversé les dynasties et les empires, et livré le monde à l'exploitation de l'industrie anglaise.

En France, le crédit commercial et le crédit public ont seuls reçu un commencement d'organisation. Le crédit commercial est très borné; à peine suit-il les marchandises jusqu'à ce qu'elles sont livrées à la consommation. Il ne tient aucun compte des valeurs qui doivent être échangées contre une marchandise consommée. L'agriculture, pour ses opérations courantes, le commerce de consommation, n'en jouissent point ou le paient fort cher.

Le crédit hypothécaire n'est point organisé : les banques se font un titre de gloire de ne point l'accorder. Le crédit purement personnel est inconnu; le crédit sur gage est fort cher dans le petit nombre de villes où il existe.

Les besoins du service de la circulation monétaire absorbent une somme énorme de capitaux; une somme énorme fractionnée à l'infini reste inactive dans les campagnes.

Les transports de capitaux sont très dispendieux; ceux qui se font pour le compte de l'Etat ne se combinent guère avec ceux qui sont effectués par les particuliers.

Les fonds des Caisses d'épargne ne servent point à l'industrie, et ils sont un embarras pour le Trésor.

Les besoins du crédit public ne sont guère alimentés que par les capitaux de la place de Paris. L'Etat seul peut exécuter de grands travaux, parce que l'esprit d'association n'existe point.

Les agriculteurs, c'est-à-dire les cinq sixièmes de la population, ne connaissent point l'usage régulier du crédit. Sous ce rapport, ils sont dans un état de barbarie. L'agriculture languit, épuisée par l'impôt ; impuissante, faute de capitaux, à perfectionner ses méthodes et ses instrumens de travail ; elle ne peut donner qu'à un prix élevé les viandes, les laines, les soies que l'industrie consomme, et ne fournit qu'avec peine aux produits des manufactures un médiocre débouché.

L'imperfection du crédit enchaîne la production et prive l'Etat des ressources immenses qu'il tirerait de l'aisance et de l'activité des travailleurs.

L'imperfection du crédit est le résultat combiné de l'ignorance, des préjugés populaires et de la résistance du Pouvoir à toute innovation.

L'opinion peut être éclairée par de fréquentes discussions sur le crédit, dans les deux Chambres et dans la presse, par la publication périodique des états de situation des banques. Une enquête parlementaire sur le renouvellement du privilège de la Banque de France, serait sous ce rapport de la plus haute utilité. Quelque soin que mettent les commissions nommées par les Chambres à s'entourer de toutes les lumières, il est probable qu'une enquête publique leur apprendrait quelque chose ; il est certain qu'elle éclairerait le législateur et surtout l'opinion publique.

Le système à suivre pour l'organisation matérielle du crédit est clairement indiqué par la constitution politique et par les besoins de l'Etat.

Que la Banque de France soit un grand instrument de crédit public, la fabrique principale et nationale de papier de circulation ; la réserve du crédit commercial pour les momens difficiles. Qu'elle fasse participer l'Etat à ses bénéfices, aujourd'hui excessifs, en le débarrassant de divers services plus ou moins onéreux.

Que les banques situées dans les villes de commerce les plus importantes aient une organisation analogue à celle de la Banque de France ; qu'elles soient fortes et toujours prêtes à répondre à toutes les demandes de numéraire.

Que les banques situées dans les départemens agricoles embrassent dans leurs opérations toutes les branches de crédit et spécialement le crédit hypothécaire ; qu'elles tiennent à la propriété foncière, aux départemens, aux communes ; qu'elles inspirent la confiance par la force de leur capital, par la publicité de leurs opérations ; qu'elles soient stimulées par la concurrence et la liberté.

Que toutes les banques de département centralisent et transportent gratuitement les fonds du Trésor ; qu'elles remplacent les receveurs-particuliers et les receveurs-généraux des finances.

Que le gouvernement conserve sur toutes les banques du royaume un droit illimité de surveillance et de censure. Que le placement de leur réserve en rentes de la plus haute dénomination élève sans cesse le crédit de l'Etat.

Alors les capitaux disponibles seront continuellement attirés et maintenus par l'action directe des banques au service de l'industrie agricole. Celle-ci perfectionnera ses méthodes, augmentera les produits et bientôt la valeur des terres ; elle deviendra une source abondante et sûre de revenus publics, un débouché vaste et assuré pour les productions de l'industrie manufacturière. Le prix des matières premières, des subsistances, s'abaissera.

Les villes cependant profiteront de la prospérité des campagnes. Mille causes naturelles et politiques attireront toujours vers elles les capitaux et y abaisseront le taux de l'intérêt. Leurs banques auront pour fonction d'y retenir, d'y conserver les capitaux, d'en être les réservoirs.

Ce qui arrivera pour les métropoles commerciales et industrielles, arrivera pour la capitale. Les affaires de toute la France y aboutissent toujours, et l'abondance des capitaux qui multipliera les affaires, dans les départemens, y abaissera le taux de l'intérêt, y étendra le crédit. De puissantes maisons de banque, semblables à celles de Londres, s'y fonderont, et appliqueront leurs vastes ressources à escompter le papier de commerce qui affluera de toutes parts à Paris.

Alors un des principaux vices de notre constitution sociale disparaîtra. Le mouvement qui porte sans cesse les capitaux disponibles de la circonférence au centre, vers les villes, vers la capitale, sera corrigé par un mouvement en sens contraire. La circulation des capitaux a déjà des veines; elle aura des artères qui répandront la vie industrielle dans toute les parties du royaume : la France entière jouira du crédit dans des proportions à peu près égales, et l'aisance pénétrera chez toutes les classes de citoyens.

Cependant le pouvoir politique régnera sur le crédit privé : toutes les banques seront attachées à lui par des liens indissolubles. Il les dominera par la brièveté de leur privilège, par son droit de surveillance et de censure, par la faculté de leur retirer le maniement des deniers publics. D'ailleurs, elles seront toutes, ou presque toutes, propriétaires de rentes inaliénables.

Si le gouvernement avait besoin de contracter des emprunts, soit dans l'intérêt politique de la France, soit afin de réaliser de grands travaux d'utilité publique, il aurait à sa disposition toute la masse des capitaux qu'une production active accumulerait sur toutes les parties du territoire. Aucun gouvernement n'aurait des ressources comparables aux siennes.

Je n'insisterai pas davantage sur le chapitre délicat des prévisions. Je laisse à chacun le soin d'estimer en détail ce que la France gagnerait à l'établissement de nombreuses banques bien constituées.

Quelque système qui soit adopté pour l'organisation du crédit, en France, il s'écoulera beaucoup de temps avant qu'il ait atteint ses derniers développemens. L'avantage de celui dont je viens d'indiquer les traits principaux, est de ne détruire aucun des établissemens de crédit qui existent, de n'apporter à leur régime aucune altération profonde. Il est susceptible d'être appliqué peu à peu à mesure que la société fera des progrès vers le crédit; il ne demande au gouvernement aucun effort extraordinaire, mais seulement un peu de liberté ou tout au plus quelques encouragemens.

Sollicitons, en terminant, l'attention publique et celle du gouvernement à se porter vers l'organisation du crédit, la plus importante, la plus urgente des améliorations matérielles que réclame l'état de la France. Les voies de communication sont incontestablement fort utiles, mais le crédit qui multiplie les affaires, les voyages, les transports, est plus utile encore, parce qu'il met en disponibilité et crée les capitaux nécessaires à la construction des routes, des canaux, des chemins de fer. Avec des voies de communication, on n'obtient pas toujours le crédit; avec le crédit on est certain d'avoir les voies de communication.

La France ne manque ni d'agens naturels de production, ni d'hommes industrieux, ni de capitaux. Il ne lui faut, pour devenir la nation la plus riche du monde, que l'association de l'industrie et des capitaux, que le crédit.

Paris, le 6 avril 1840.

FIN.